Inge Friedl

Kochen und essen

ZU TISCH!

❧ wie's früher war ❧

Styria
VERLAG

INHALT

6

Essen kommen! Mit diesem Buch bitte ich meine Leserinnen und Leser zu Tisch. Ich serviere nicht nur Geschichten, sondern diesmal auch Rezepte zu besonderen Speisen. Jedes dieser Gerichte erzählt wiederum eine Geschichte. Der Namenstags-Gugelhupf erinnert an die Zeit, als noch statt dem Geburtstag der Namenstag gefeiert wurde. Die saure Supp'n mit Brennsterz war die klassische Morgensuppe, lange bevor Kaffee, Tee und Kakao ihr den Platz streitig machten. Das gute alte Gabelfrühstück darf ebenfalls nicht vergessen werden – Gabelbissen und Haussulz sollen Appetit darauf machen. Auch die alte Jausentradition soll belebt werden – mit selbst gemachtem Erdäpfelkas und würzigem Glundner Kas! Die wunderbare Erdäpfelsauce mit Kren zeigt uns, dass die Einbrenn unverzichtbar für die österreichische Küche ist, genauso wie die echte Rindsuppe, zu der natürlich hausgemachte Suppennudeln gehören.

Wir erinnern uns, dass Fett und Schmalz früher noch nicht verpönt waren, und wagen uns an knusprige, selbst gemachte Grammeln. Delikatessen wie gebackenes Bries werden wiederentdeckt und regionale Spezialitäten wie die gewickelten Kärntner Nudeln verkostet. Heute ein Geheimtipp, früher in vielen Häusern zu finden, ist das selbst vergorene Sauerkraut. Viele der Speisen sind mit Bräuchen und Ritualen verbunden, etwa der neunfach geflochtene Allerheiligenstriezel oder die festliche Kirchtagssuppe. Als Nachspeise gibt's unter anderem Schwarzbeernocken von der Alm und das heute fast vergessene Triet.

In unserem Land gibt es zwei große Küchentraditionen. Die bäuerliche Landküche und die bürgerliche, sogenannte Wiener Küche. Je nachdem, wo wir aufgewachsen sind, ob im Bauernhaus oder in der Großstadt, haben wir unterschiedliche Erinnerungen an den Geschmack unserer Kindheit.

Was war früher anders? Während heute kaum noch zwischen Werktags- und Sonntagsküche unterschieden wird, tat man dies noch vor wenigen Jahrzehnten sehr wohl. Feste mit ihren typischen Speisen waren Höhepunkte im Alltag, denen oft entbehrungsreiche Fastenzeiten vorausgingen. Ein weiterer Unterschied: Mahlzeiten waren Familienzeiten. Viel häufiger als heute traf sich die ganze Hausgemeinschaft bei Tisch zum gemeinsamen Essen.

Auch die Zutaten haben sich verändert. In unserer globalisierten Welt haben wir Zugriff auf die vielfältigsten internationalen oder sogar exotischen Lebensmittel. Früher, und damit meine ich die Welt bis ungefähr 1970, verwendete man fast ausschließlich regionale Produkte, oft aus dem eigenen Garten. Auch die Anzahl der Rezepte, die wir kennen, hat sich massiv vergrößert. Während wir heute von der großen Anzahl an Kochrezepten fast überwältigt sind, gab es früher in den Haushalten im Vergleich nur wenige Grundrezepte. Oft waren es mündlich überlieferte »Kochweisheiten«, die von der Großmutter an die Mutter und von dieser wiederum an die Tochter weitergegeben wurden.

Dieses Buch stellt nicht nur unsere kulinarischen Traditionen, sondern auch den »Geschmack von früher« in den Mittelpunkt: Die bäuerliche Welt (fast) ohne Süßes, dafür mit herzhaften Genüssen und dem feinen »österreichischen« Geschmack der alten Hausrezepte. Dass dafür Produkte aus nachhaltiger Landwirtschaft aus der Region am besten schmecken, muss wohl nicht extra betont werden. Da unsere Köchinnen ihre Rezepte meistens nach Gefühl kochen, sind die Mengenangaben in diesem Buch als kleine Unterstützung gedacht – selbst ausprobieren und variieren ist erwünscht! Wenn nicht anders angegeben, sind die Rezepte für 4 Personen gedacht.

Kulinarische Geheimnisse von damals. Seit vielen Jahren führe ich Gespräche mit Menschen in Stadt und Land und dabei kam immer wieder die Rede auf's Essen. Vieles, das ich in diesem Buch schreibe, stammt aus Gesprächen, die ich in Salzburg, Kärnten, Steiermark und Oberösterreich geführt habe. Ich durfte mit einer großartigen burgenländischen Köchin sprechen und auch mit Menschen, die ihre Kindheit in Wien oder in Niederösterreich verbracht haben. So habe ich im Lauf der Jahre nicht nur Rezepte, sondern auch lustige, berührende und inspirierende Geschichten rund um's Kochen und Essen gesammelt.

Maria Höfler und ihre wunderbare Gesprächsrunde in Sarleinsbach im Mühlviertel nahmen mich mit hinein in die alte traditionelle Bauernküche dieser Region. Nun weiß ich, was »zwiespitzerte« Nudeln sind und warum man beim richtigen Abschmalzen von Sauerkraut das laute Zischen von der Küche bis in die Stube hören musste. Maria hat mich und meinen Mann mit einem originalen Leberschädl bewirtet. Ella Trippl aus dem Stanzertal lud mich zum Strudelkochen in ihre Küche ein. Während sie ihren köstlichen Suppenstrudel zubereitete, erzählte sie von alten Zeiten und alten Rezepten und erklärte nebenbei, wie man hausgemachte Grammeln macht.

Bei Johanna Wizsy aus Graz verbrachte ich einen inspirierenden Nachmittag. Sie ist eine jener Köchinnen und Hausfrauen, die die österreichische und in diesem Fall auch die steirische Küche aus dem Effeff beherrschen. Mehrere Rezepte und alle Tipps, wie man eine gute Rindsuppe macht, stammen von ihr.

Luise Neubauer ist die einzige gelernte Köchin in diesem Buch. Sie hat mehr als ein Jahrzehnt im letzten Speisehaus von Graz gearbeitet, wo täglich für bis zu 1.500 Gäste gekocht wurde. Man könnte meinen, dass sie dabei privat die Lust am Kochen verloren hat. Doch weit gefehlt! Ich kenne wenige, die noch mit fast 80 Jahren so begeistert über Rezepte und Zutaten sprechen wie Luise.

Anni, die wunderbare Wirtin der Buschenschank »Pethö« in Zahling im Südburgenland, ist eine jener Köchinnen, die ich im Kapitel »So lernt man kochen« porträtiert habe. Anni hat mir druckreif einige echt burgenländische Rezepte angesagt.

Mit meinen lieben und geschätzten Nachbarn Elisabeth und Johann Deutsch führte ich nicht nur unzählige Gespräche über die klassische Wiener Küche, sie haben mir auch das alte handgeschriebene Kochbuch von Elis, der böhmischen Köchin, zur Durchsicht überlassen. Sie ist Elisabeths Großmutter und hat mit ihrer Kochkunst wohl alle nachfolgenden Generationen dieser Familie geprägt. Ich kann gar nicht sagen, wie viele Schmankerl aus Elisabeths Küche ich schon kosten durfte – einige davon finden sich in diesem Buch.

Ich wünsche den Leserinnen und Lesern viel Vergnügen
beim Eintauchen in die vergangenen kulinarischen Welten
und gutes Gelingen beim Nachkochen!

Inge Friedl

Zu Tisch!

Wie schön ist es, wenn wir zum Essen gerufen werden.
Nicht nur was auf dem Tisch steht, auch das Miteinander-Essen
und An-einem-Tisch-Sitzen tut uns gut. Dabei funktionierten
alte bäuerliche Tischgemeinschaften nach anderen Regeln
als der Familientisch der 1950er-Jahre und erst recht unsere
– vom Smartphone bedrohten – Mahlzeiten.

»ESSEN KOMMEN!
FAMILIENTISCH – FAMILIENGLÜCK«

heißt eines der Bücher des bekannten Familientherapeuten Jesper Juul. Für ihn ist die Küche und insbesondere der Esstisch das »Herz des Hauses«. Die Atmosphäre und das emotionale Klima in einer Familie würden enorm profitieren, wenn sich Eltern und Kinder zu den täglichen gemeinsamen Mahlzeiten bei Tisch begegnen.

Er schreibt, dass er in den vergangenen 25 bis 30 Jahren mit Besorgnis beobachtet hat, dass Familien immer seltener zusammen essen. Die Ausrede »Wir haben keine Zeit« lässt er nicht gelten. Wenn man gemeinsame Mahlzeiten vernachlässigt, sagt er, bleibt das nicht ohne Folgen. Seine Erfahrung als Therapeut zeigt: Irgendwann rächt es sich, wenn man beim Einkaufen, Kochen und beim Zusammen-Essen Zeit sparen will.

Der österreichische Liedermacher Peter Cornelius hatte einen Hit mit dem Titel »Der Kaffee ist fertig«. Im Text heißt es weiter »klingt das net unheimlich zärtlich«. Ähnlich verheißungsvoll ist der Ruf »Essen ist fertig!« oder »Essen kommen!«. Man könnte auch hier weiter dichten, »klingt das net unheimlich schön«. Aber leider ertönt dieser Ruf heute viel seltener als früher, da gemeinsame Mahlzeiten – oft aus Termingründen – in vielen Familien Ausnahmen sind. Dabei könnte man nur über den Essensruf schon fast ein Buch schreiben.

Aus reinem Interesse habe ich im Laufe der Jahre immer wieder meine Gesprächspartner gefragt, wie bei ihnen zuhause zum Essen gerufen wurde. Besonders am Land war der Ruf eine wichtige Sache, da sich die Mitglieder des Hauses zu Mittag in den seltensten Fällen alle an einem Ort aufgehalten haben. Eine Bäuerin in der Obersteiermark rief Familie und Dienstboten mit »Huhu! Juchu! Essen kommen!«. Dabei begab sie sich an eine Stelle, von der aus man ihren Ruf bis ans Ende des Dorfes und bis in den Wald hinein hören konnte. Wer schon einmal einen Juchitzer gehört hat, weiß, dass man damit große Entfernungen akustisch leicht überbrücken kann. Die »Huhu«- und »Juchu«-Laute der Frau hatten die gleiche Wirkung. Sie waren lauter und hörbarer, als hätte man nur laut »Essen!« gerufen. Auch auf den Almen verständigten sich die Sennerinnen von einer Hütte zur anderen mit solchen »Ju-Schreien«, die den Klang besonders gut transportierten.

Auf einem Hof im Innviertel
rief der Knecht mit
lauter Stimme um Punkt Zwölf:
» Zum Essen geeeeht's! «

Statt zu schreien und zu rufen, klopfte man gelegentlich auch zwei Brettchen wie eine Klapper aneinander oder schlug mit einem Hammer auf ein Holzbrett. Manche Bauernhäuser in Kärnten, Salzburg und Tirol hatten sogar einen kleinen Glockenturm mit der »Essglocke« am Hausdach. Noch einfacher war's, wenn gleich das Mittagsläuten der Kirchenglocken die Leute von der Arbeit ins Haus rief.

Auf einem Hof im Innviertel rief der Knecht mit lauter Stimme um Punkt Zwölf: »Zum Essen geeeht's!« Er stimmte sich dabei nicht mit der Bäuerin ab, ob sie denn auch wirklich mit dem Kochen fertig sei. Es war Essenszeit und gegessen wurde pünktlich. Vor allem zu Mittag konnte man die Uhr danach richten. Um Punkt 12 oder nach ganz alter Sitte um 11 Uhr wurde zu Mittag gegessen. Vormittagsjause war um 9 Uhr, die Nachmittagsjause um 16 Uhr, Abendessen gegen 18 Uhr. Immer erschienen alle und immer zur gleichen Zeit. Mahlzeiten wurden nicht einfach ausgelassen oder ohne triftigen Grund verschoben. Sie waren Fixpunkte und oft auch die einzigen Ruhepausen im bäuerlichen Leben.

Man sagt, Hunger ist der beste Koch, und das galt in besonderem Maße für die alte Welt der Bauern. Hungrig waren die Menschen, die zum Mittagstisch gerufen wurden, nicht nur von der schweren Arbeit am Feld, auf den Wiesen und im Wald. Hungrig waren sie auch, weil ausnahmslos zur selben Zeit gegessen wurde. Die innere Uhr der Menschen hatte sich an diesen Rhythmus gewöhnt und der Hunger meldet sich pünktlich zu den Essenszeiten.

AUFSTELLEN, BETEN, SETZEN, ESSEN.

In vielen Bauernhäusern spielte sich täglich dasselbe kleine Ritual ab. Die Menschen betraten die Küche

Das Essen selbst wurde gewöhnlich in Ruhe und Stille eingenommen. Tischgespräche waren nicht üblich.

oder die Stube und blieben verteilt im Raum stehen, während sie gemeinsam ein Gebet sprachen, bevor sie sich zum Tisch setzten. Dort stand schon eine große Schüssel in der Tischmitte, meistens mit dem »Voressen«, dem Sauerkraut.

Uns mag der Anblick von Menschen, die in der bäuerlichen Stube um einen Tisch sitzen und aus derselben Schüssel essen, idyllisch vorkommen – aber er spiegelt die Lebensrealität am Land wider, wie sie bei uns noch bis in die 1960er-Jahre zu finden war. Dies beginnt bei der Sitzordnung. Je nach Stellung in der bäuerlichen Hierarchie hatte jeder seinen angestammten Sitzplatz. Auf einem oberösterreichischen Bauernhof saßen vorne Bauer und Bäuerin und danach entsprechend der Rangordnung der Bauknecht, der Rossknecht und der Stallbua. Ebenso bei den Frauen zuerst die große Dirn, dann die kleine Dirn, das Kuchlmensch und am Ende das Schlusslicht der Hierarchie, das Hühnermensch, also das Mädchen, das für die Hühner zuständig war.

Auf einem großen Bauernhof im Innviertel gab es einen Bauerntisch, an dem nur der Bauer, die Bäuerin und die Kleinkinder des Paares saßen, und einen Gesindetisch für die Knechte, Mägde und die größeren Kinder.

Das Essen selbst wurde gewöhnlich in Ruhe und Stille eingenommen. Tischgespräche waren nicht üblich. Raum für Gespräche war abends auf der Hausbank oder nach Feierabend in der Stube, aber nicht beim Mittagstisch. Wer das gemeinsame Essen aus einer Schüssel noch miterlebt hat, erinnert sich an die typische Körperhaltung: Den Oberkörper leicht nach vorn gebeugt, die Unterarme auf dem Tisch, einen Ellenbogen abgestützt, im anderen den Löffel. Es war verpönt, im Essen herumzurühren, jeder nahm sich nur von der Stelle, die ihm am nächsten war. Der volle Löffel wurde am Schüsselrand abgestrichen, sodass nichts auf den Tisch patzte. Aß einer zu gierig und zu schnell, wurde ihm auf den Löffel geklopft. Es hieß: »Wer zum Essen keine Zeit hat, der ist ein fauler Mensch!«

Der Löffel war der individuelle Besitz jedes Einzelnen und das Haupt-Esswerkzeug. Eine Bäuerin aus der Gegend um Murau in der Steiermark erklärte mir die Spielregeln: Bei ihr zu Hause waren die Löffel aus Blech und jeder hatte ein Zeichen eingeritzt, an dem man den Besitzer erkannte. Niemals hätte man mit einem fremden Löffel essen dürfen! Nach dem Essen wischte jeder seinen Löffel am Tischtuch ab – abgewaschen wurden Löffel niemals – und legte ihn wieder in die Lade zurück. In manchen Häusern befand sich auch unter der Tischplatte am Platz jedes Einzelnen eine Lederschlaufe zur Aufbewahrung der Löffel.

Einem ehemaliger Störschneider aus Oberösterreich, der noch in den 1950er-Jahren die Sitten auf den Bauernhöfen als Außenstehender beobachten konnte, fiel auf, dass Männer die Art und Weise, wie sie mit dem Löffel aßen, nutzten, um besonders männlich und kraftvoll zu erscheinen: »Die Männer haben den Löffel in den Mund genommen und schnell wieder raus. Das hat kernig ausgeschaut. Das hat Stärke gezeigt!«

Auf dem oben erwähnten Innviertler Bauernhof herrschten in mancher Hinsicht Sitten wie bei Hofe in Wien: Am Gesindetisch bestimmte der Großknecht, was passierte. Wie beim Kaiser in Wien, war auch hier das Essen beendet, wenn er den Löffel niederlegte und

vom Tisch aufstand. Das war dann Pech für jene, die noch nicht satt waren. Auf anderen Höfen war es der Bauer, der auf diese Weise eine Mahlzeit beendete.

Wir sagen heute noch »den Löffel abgeben«, wenn wir vom Tod reden. Es ist gar nicht so lange her, dass diese Redewendung nicht abstrakt verstanden wurde, sondern eine alltägliche Tatsache widerspiegelte: Wer stirbt, gibt seinen Platz in der Tischgemeinschaft und damit auch »seinen« Löffel ab.

WIR SITZEN ALLE AN EINEM TISCH,

sagt man, wenn man meint: Ob wir wollen oder nicht, wir sind eine Gemeinschaft. In den alten bäuerlichen Gesellschaften waren gemeinsame Mahlzeiten auch tatsächlich so etwas wie der Kitt, der die Hausgemeinschaft zusammenhielt. Ein Kärntner Altbauer formulierte das so: »Das Zusammenleben war früher sicher nicht immer leicht, aber es war ein Tisch und fertig. Wir mussten miteinander auskommen, denn man hat nur in der Gemeinschaft existieren können.«

Auch in den Städten standen gemeinsame Mahlzeiten, oft sogar drei Mal am Tag, außer Diskussion. In Kapfenberg war während der Arbeitszeit der Angestellten beim Böhlerwerk eine sehr lange Mittagspause eingeplant. Man arbeitete von 7 Uhr bis 12 Uhr und von 14 Uhr bis 17 Uhr. Heute betrachten wir eine solch ausgiebige Mittagspause oft als vertane Zeit, während wir jede Minute Freizeit am Nachmittag als Gewinn ansehen. Jede so »ersparte« Minute investieren wir wiederum in alle möglichen Freizeitaktivitäten. Ganz anders früher. Es ging weder um »Ersparnis« noch um »Gewinn«, sondern man lebte – noch – in einer alten, langsameren Zeitkultur, in der unter anderem auch Wert auf ein Mittagessen in aller Ruhe gelegt wurde.

Nicht nur in Kapfenberg, auch an anderen Orten war es lange üblich, dass sich, wer konnte, zu Mittag nach Hause begab, um mit der Familie zu essen.

Dieses Glück hatte nicht jeder. Der 1944 geborene Hansi lebte mit seiner alleinerziehenden Mutter in Wien. Da es zu dieser Zeit noch keine Nachmittagsbetreuung für Schüler gab, musste er bereits mit sieben Jahren ins Internat, wo er seine gesamte Volksschulzeit und die Unterstufe des Gymnasiums verbrachte. Es schmerzt ihn noch heute, dass er kaum Erinnerungen daran hat, was seine Mutter für ihn gekocht

Wir sitzen alle an einem Tisch,
sagt man, wenn man meint:
Ob wir wollen oder nicht, wir sind
eine Gemeinschaft.

hat. Er war selten daheim, anfangs jedes Wochenende, in der Unterstufe nur mehr ein Mal im Monat und selbst in den Sommerferien nur an den wenigen Urlaubstagen der Mutter.

Viele von uns erinnern sich oft noch wehmütig an die Speisen unserer Kindheit, die damals, so will es uns scheinen, unvergleichlich gut geschmeckt haben. Hansi, heute Johann, hat solche Erinnerungen nicht. Er weiß nur, was er sich in all den Jahren immer sehnlichst gewünscht hat, nämlich mit seiner Familie am Tisch zu sitzen und mit ihr gemeinsam zu essen.

Ab der Oberstufe des Gymnasiums durfte Hansi endlich zu Hause bei seiner Mutter wohnen. Da sie aber über Mittag arbeitete, musste er seine Mittagsmahlzeiten nun in der WÖK, der »Wiener öffentlichen Küche«, einnehmen, einem Ausspeisungsbetrieb mit sehr günstigen Preisen. Auch später als Medizinstudent blieb ihm Kantinenessen nicht erspart.

Gemeinsames Festessen
in einer Kleinfamilie
im Jahr 1961.

14

Heute ist er 75 Jahre alt. Ich kenne niemanden, der mit größerer Freude über das selbst zubereitete Essen seiner Frau spricht als er. Immer wieder, wenn wir im Gespräch auf bestimmte Speisen zu sprechen kommen, ruft er begeistert aus: »Das schmeckt so gut!« Besonders bei seinem Leibgericht, den Buchteln mit Vanillesauce (siehe S.17), gerät er ins Schwärmen. Es scheint, als ob gerade er, der gemeinsame Familienmahlzeiten als Kind kaum kannte, alles Versäumte nachholen will.

SMARTPHONE ODER MITEINANDER REDEN?

Wir lächeln heute gerne über alte Tischsitten. Wir sind befremdet über Verbote wie »Kinder haben bei Tisch zu schweigen« oder »Beim Essen wird nicht gesprochen«. Die Hintergründe dieser Ge- und Verbote sind uns gar nicht mehr bewusst. Letzteres beispielsweise stammt aus der Zeit, als in den Bauernhäusern noch alle aus einer Schüssel aßen. Da war jeder gut beraten, möglichst wenig zu reden und ordentlich zuzulangen, um zu seinem Teil zu kommen und nicht hungrig vom Tisch aufstehen zu müssen.

Das Sprechverbot für Kinder bei Tisch wiederum hat vermutlich damit zu tun, dass Kinder in adeligen Häusern bis zu einem gewissen Alter überhaupt von der Tafel der Erwachsenen ferngehalten wurden. Erst wenn sie die gebotenen Tischmanieren beherrschten, durften sie dabei sein, was noch lange nicht hieß, dass es ihnen auch erlaubt war, sich an der Konversation zu beteiligen. Was für den Adel galt, übernahm bald auch das Bürgertum. Dass Kinder beim Essen nicht reden durften, war lange Bestandteil der bürgerlichen Erziehung und Zeichen für gute Manieren.

Und heute? Auf einmal herrscht wieder bei vielen Mahlzeiten absolutes Schweigen. Der Grund ist weder ein Verbot noch die Angst zu kurz zu kommen. Es sind schlicht und einfach die Smartphones, die selbst beim Essen nicht aus den Augen gelassen werden und die ganze Aufmerksamkeit erfordern. Ein deutscher Gastronom schilderte im Fernsehen ein Familienfest in seinem Restaurant. Es war der Geburtstag der Großmutter, die all ihre Kinder und Enkelkinder zum Essen eingeladen hatte. Am Tisch wurde kein Wort gesprochen. Alle waren mit ihrem Handy beschäftigt. Die Einzige, die nicht am Smartphone wischte, mit der aber auch keiner redete, war das Geburtstagskind, die Großmutter.

Tatsächlich fangen schon die ersten Gastronomen an, in ihren Lokalen ein Handyverbot auszusprechen. Wenn man nicht twittern kann und auch auf Instagram keine Fotos vom Essen mehr posten kann – vielleicht schmeckt dann auch das Essen besser. Sogar Coca-Cola beschäftigte sich mit diesem Thema in einem Internet-Werbespot. Plötzlich tragen alle Smartphone-Nutzer eine trichterartige Halskrause, die sie daran hindert, auf ihr Handy zu schauen. Auf einmal nehmen die Menschen ihre Umgebung wieder wahr: Das Paar im Restaurant wendet sich einander zu und der Vater redet wieder mit seinen Kindern am Frühstückstisch. Nun entsteht, was vorher nicht da war: Tischgemeinschaft. Ein etwas altmodisches Wort für das, was die Wissenschaft heute neudeutsch table community nennt, nämlich die Bildung einer Gemeinschaft durch die Teilnahme an gemeinsamen Mahlzeiten. Aber genau das wussten die alten Bauern schon lange – auch dass eine Tischgemeinschaft nicht immer nur Harmonie und Wohlbefinden bringt, sondern sehr viel mit Rücksichtnahme und dem gelegentlichen Zurückstellen der eigenen Bedürfnisse zu tun hat.

15

Schnitterkoch

Am Ende der Getreideernte gab's für alle das Schnitterkoch oder »Schniderkoh«, wie man im oberösterreichischen Salzkammergut sagt, von wo dieses Rezept stammt. Nach der sehr anstrengenden Arbeit des Getreideschnitts, bei dem das Korn mit Sense oder Sichel geschnitten wurde, gab es ein Festessen, in diesem Fall ein reichhaltiges »Koh«, bei dem weder mit Butter noch mit Zucker gespart wurde. Diese Speise ist sehr alt und in ihrer Art fast archaisch.

Der Brei, auch Koch oder Mus genannt, ist seit jeher die bäuerliche Nahrung schlechthin. An den Festtagen wurden die Breie mit Schmalz, Butter oder Rahm aufgebessert und bei Hochzeiten, an Weihnachten oder, wie hier, beim Erntefest serviert.
Die Dame, von der dieses Rezept stammt, erlebte als Kind, dass alle das Schnitterkoch noch aus einer Pfanne aßen. Sie ist mit ihrem Löffel dann wie zufällig gerade an die Stellen gekommen, wo noch viel Zucker war!

Zutaten

1 l Milch / 150 g Butter / Salz / 200 g Grieß /
zum Bestreuen Kristallzucker und etwas Zimt, gemahlen

Zubereitung

1. Milch mit Butter und Salz aufkochen.
2. Grieß einrühren und kochen, bis eine festere Konsistenz entsteht.
3. Eine Pfanne oder Rein gut mit Butter ausfetten, den Grießbrei eingießen und im heißen Rohr ca. 30 Minuten goldgelb backen.
4. Mit Zucker und Zimt bestreut servieren. Dazu passt Apfelmus.

❧ TIPP ❧

Wer eine etwas größere Menge Grießbrei kocht, kann mit dem Rest am nächsten Tag Maultaschen zubereiten. Dazu füllt man die Masse in etwa 6 x 12 Zentimeter große Strudelteigstücke, verschließt diese gut und kocht sie in Salzwasser. Dazu passt Erdäpfelsalat.

Dukatenbuchteln mit Vanillesauce

Dieses Rezept ist eines der Lieblingsgerichte von Johann, dem gebürtigen Wiener, von dem zuvor die Rede war. Er liebt warme Germmehlspeisen wie Buchteln mit Vanillesauce. Dukatenbuchteln sind sehr kleine Buchteln, in diesem Fall ohne Fülle, dafür mit köstlicher selbst gemachter Vanillesauce. Dazu die fachkundige Meinung des Herrn: »Die sind viel besser als die großen Buchteln. Außerdem kriegt man mehr Vanillesauce dazu!« Seine Gattin, von der dieses Rezept stammt, bereitet die Sauce mit Milch, Maisstärke, Zucker und reichlich Eidottern zu. Bei diesem einfachen Rezept kann nichts misslingen, weil die Sauce nicht, wie sonst üblich, über Hitze schaumig geschlagen wird. Also ideal auch für Kocheinsteiger!

Zutaten

Für die Dukatenbuchteln: ca. 180 ml Milch / 1 Würfel Frischgerm (42 g) / 60 g Zucker / 500 g Mehl, glatt / 60 g Butter / 1 Ei / 2 Dotter / eine Prise Salz / Butter zum Auspinseln der Form und zum Befetten der Buchteln

Für die Vanillesauce: 1 l Milch / 100 g Zucker / 20 g Maizena / 4 Dotter / ½ Vanilleschote

Zubereitung

1. Dampfl zubereiten (siehe unten)
2. Zerlassene Butter mit Ei, Dottern und der restlichen Milch verrühren. Mit dem restlichen Mehl nebst Salz und dem Dampfl zu einem glatten, seidigen Germteig verarbeiten. Zugedeckt an einem warmen Ort gehen lassen, bis sich das Volumen verdoppelt hat.
3. Auf einer mit Mehl bestreuten Unterlage eine 3 Zentimeter dicke Rolle formen. Ca. 3 Zentimeter dicke Stücke abschneiden, zu kleinen Kugeln formen und jede einzelne mit flüssiger Butter bestreichen und nebeneinander in eine befettete Form setzen.
4. Nochmals kurz aufgehen lassen und bei 180° C ca. 25 Minuten bei Ober- und Unterhitze backen. Mit Staubzucker bestreut und mit Vanillesauce servieren.
5. Maizena mit etwas Milch und den Dottern verrühren.
6. Die restliche Milch mit dem Zucker und dem Mark der Vanilleschote aufkochen. Die Milch-Dotter-Maizena-Mischung dazugeben und kurz aufkochen.
7. Die fertig gebackenen Buchteln aus der Form heben, eventuell mit Staubzucker bestreuen und portionsweise mit der Vanillesauce anrichten.

✣ GRUNDREZEPT DAMPFL ✣

60 ml lauwarme Flüssigkeit (Wasser oder Milch) mit der zerbröckelten Germ gut verrühren. 4 EL Mehl und gegebenenfalls 1 EL Zucker dazugeben und verrühren. An einem warmen Ort 15 Minuten gehen lassen.

Wie lernt man kochen?

DR. OETKER KOCHBUCH

Für die Puppen-küche

Eine böhmische Köchin zur Jahrhundertwende, eine burgenländische und eine steirische Bauerntochter in den 1960er-Jahren und eine Grazer Köchin »wider Willen« in den 1950er-Jahren. Vier Frauen – vier kulinarische Lebenswege und ihre sehr persönlichen Rezepte ...

NACH GEFÜHL!

Wie oft habe ich das von den Frauen, die ich für dieses Buch interviewt habe, gehört. Man nimmt von einem Gewürz »so viel man zwischen die Finger bekommt« oder auch »nach Geschmack«. Mehl nimmt man »ein Handerl voll« oder eben »nach Augenmaß«. Als ich bei einer der betreffenden Personen wegen des Mehls vorsichtig nachfrage, wie viel denn das jetzt genau sei, bekomme ich die Antwort, die ich verdient habe: »Das ist Gefühlssache! Du schaust in den Teig und merkst beim Rühren eh, ob es passt.«

In einem handgeschriebenen Kochbuch aus der ersten Hälfte des 20. Jahrhunderts fand ich die poetische Angabe »ein hübsch großes Stück Butter« und die Anleitung »so viel Zucker einrühren, bis es dick genug ist«, und dann »schön backen«. Geübte Köchinnen wogen die Zutaten meist gar nicht ab. Viele Rezepte wurden mündlich überliefert, Germ- und Strudelteige etwa, die jede Köchin aus dem Effeff beherrschte. Abgewogen wurden, wenn überhaupt, dann nur die Zutaten fürs Weihnachtsgebäck.

Früher wurde von klein auf in der Küche zugeschaut, geübt und ausprobiert. So bekam man nach und nach das berühmte »G'spür«, das man fürs Kochen braucht.

Junge Mädchen lernten kochen, indem sie mit der Mutter oder der Großmutter in der Küche standen, zuschauten und nach und nach Handgriffe übernahmen, bis sie schließlich die Gerichte ganz allein zubereiten durften. Dabei wurden sie von Anfang an nicht überfordert, denn es gab nur wenige Rezepte zu erlernen. Es waren nicht mehr als vielleicht 10 bis maximal 20 Speisen, die eine nicht professionelle Köchin beherrschte. Im Gegensatz zu heute gab es das eine gültige Rezept für Gugelhupf, Strudel, Knödel, Schweinsbraten, Sterz und Schmarren, Suppen und Suppeneinlagen. Es waren Grundrezepte, die als Erfahrungswissen von der Großmutter an die Mutter und von dieser an die Tochter weitergegeben wurden.

Ich glaube, darin liegt das Geheimnis des Erfolgs: Kochen lernt, wer zuerst nur wenige Basisrezepte solide beherrscht und dadurch erst fähig wird, andere Rezepte auszuprobieren. Heute, in der Zeit der TV-Kochsendungen, ist es oft umgekehrt. Fernsehköche zeigen die herrlichsten Gerichte und wecken Lust aufs Kochen. Alles sieht so leicht aus, geht schnell und gelingt immer. Erst beim Nachkochen merken wir, dass uns simple Grundkenntnisse fehlen, die in der Kochshow nicht gezeigt wurden.

Früher wurde von klein auf in der Küche zugeschaut, geübt und ausprobiert. So bekam man nach und nach das berühmte »G'spür«, das man fürs Kochen braucht. Warum lauwarmes Wasser für den Strudelteig? Weil es die Mutter schon so gemacht hat:

lauwarmes Wasser für den Strudelteig, kaltes Wasser für den Nudelteig. Wie bekommt die Rindsuppe eine schöne Farbe? Durch die mitgekochte Zwiebel mit Schale. Wann ist ein Germteig seidig geknetet? Das kann man nicht beschreiben, man muss es spüren!

Eine der besten Köchinnen, die ich kenne, sagt von sich: »Ich bin eine furchtbare Köchin. Ich koche nur, worauf ich Gusto habe!« Diese Freude am Essen, diese Lust auf bestimmte Speisen waren für sie als junge Ehefrau der Antrieb, um zu kochen. Das, was daheim gut geschmeckt hat, wollte sie nun in ihrem eigenen Haushalt selbst probieren. Wusste sie bei einem Gericht nicht weiter, dann half ihr die Erinnerung an die Kochkunst ihrer Mutter und Großmutter. Sie hatte den beiden so oft zugesehen, dass sie nun alle Handgriffe vor ihrem inneren Auge abrufen konnte. Noch heute mit über 70 Jahren kocht sie nach Lust und Laune genau das, was ihr gerade schmeckt. Bei unserem Gespräch wird ihr bewusst, welches Vorrecht sie als geübte Köchin genießt: »Wie schade ist es, wenn man Lust auf eine bestimmte Speise hat und sich die aber nicht kochen kann!«

DIE BÖHMISCHE KÖCHIN.

Sie hieß Elisabeth, wurde von allen aber nur Elis (mit Betonung auf der zweiten Silbe) genannt. Ihre Enkelin, heute bereits eine ältere Dame, erzählte mir Elis' Lebensgeschichte, die auch die Geschichte Österreichs um die Jahrhundertwende widerspiegelt.

Elis wurde 1883 in einem kleinen Dorf im böhmisch-mährischen Grenzgebiet geboren. Ihr Vater war Schuhmacher, sie waren 12 Kinder – eigentlich 14, aber zwei waren früh verstorben. Die Eltern versuchten aus wirtschaftlicher Notwendigkeit, die Kinder möglichst rasch außer Haus zu bringen. So kam Elis mit 16 Jahren, so wie viele andere junge Mädchen in der k. u. k. Monarchie, »in den Dienst« nach Wien.

Sie wurde Küchenhilfe in einem »besseren Haus«. Das Leben als Hausgehilfin und Dienstbotin war hart. Elisabeth musste bis spät in die Nacht in die Küche arbeiten, manchmal bis Mitternacht, und nach ein paar Stunden Schlaf schon um 4 Uhr morgens wieder aufstehen. Hatte eine Kleinigkeit nicht geklappt, war ihr etwas misslungen, bekam sie vom Küchenchef dafür eine Ohrfeige.

Es war wohl ein herrschaftliches, adeliges Haus, in dem Elis ihren Beruf erlernte. Auch danach war sie ausschließlich in gräflichen Haushalten und für einige Zeit sogar im Fürstenhaus derer von Auersperg tätig. In dieser Zeit lernte sie eine völlig neue kulinarische Welt kennen. Als Elisabeth 1908 heiratete, war sie eine Könnerin ihres Fachs geworden. Ihr Horizont hatte sich erweitert, sie war nicht mehr die kleine Schuhmachertochter, die nur böhmische Hausmannskost zubereiten konnte. Es sind Köchinnen wie Elis, die die sogenannte bürgerliche österreichische Küche geprägt haben.

Bis zum Ende der Monarchie sind unzählige Mädchen vom Land »in den Dienst« in die Stadt gegangen. Nicht alle haben in adeligen Häusern als Köchin gearbeitet, aber alle haben die »Wiener Küche«, die von den Ländern der Monarchie geprägt war, kennengelernt und danach versucht, die neuartigen Speisen auch in ihren Familien zu etablieren.

Die Köchin Elis hatte kein leichtes Leben. Sie wurde sehr jung, nach nur sechs Ehejahren, Witwe. Ihr Mann war einer der ersten Gefallenen im Ersten Weltkrieg, er verlor sein Leben nur zwei Wochen nach Kriegsbeginn. Sie blieb mit drei kleinen Kindern allein zurück. Nun war Elisabeth für die Versorgung ihrer Familie allein zuständig. Sie ging zurück in den Be-

20

Von klein auf wurde in der Küche zugeschaut, geübt und ausprobiert. Kochen wurde als Erfahrungswissen von der Großmutter an die Mutter und von dieser an die Tochter weitergegeben. Buben waren in dieser Wissenskette leider selten dabei.

ruf, allerdings nicht als Köchin, sondern als Putzfrau.

Wenige Jahre später folgte der nächste Schicksalsschlag. Innerhalb von nur zwei Monaten starben beide Söhne, damals 11 und 12 Jahre alt, der eine an Scharlach, der andere an Wundstarrkrampf, nachdem er auf einen rostigen Nagel getreten war.

Elisabeth gab nicht auf. Sie heiratete schließlich ein zweites Mal, wohl aus Vernunftgründen, wie ihre Enkelin meint. Ihren Beruf als Köchin übte sie zwar nicht mehr aus, ihre Begabung fürs Kochen wurde aber bis ins hohe Alter geschätzt. Immer wenn bei Verwandten ihres zweiten Mannes, die eine Mühle betrieben, eine Prüfung durch das Finanzamt anstand, wollte man die Beamten durch ein besonders feines Mittagessen beeindrucken. Da gab es nur eine, die so etwas zustande bringen konnte, die ehemalige herrschaftliche Köchin Elisabeth. Die war zwar mittlerweile schon 90 Jahre alt, aber sie ließ sich nicht zwei Mal bitten, wenn es hieß: »Tant' Elis kommst kochen? Die Finanzler kommen!« Es ist zwar nicht überliefert, aber vermutlich half Elisabeths Kochkunst, so manchen Finanzbeamten gnädig zu stimmen.

KÖCHIN WIDER WILLEN.

Eigentlich wollte Luise Schneiderin werden. Aber da gerade kein Lehrplatz frei war, meldete ihre Mutter sie kurzerhand als Küchenhilfe in einem Gasthaus mit angeschlossener Fleischerei an. Als Luise schließlich 1956 doch noch eine Lehrstelle, allerdings als Köchin, im legendären Grazer Speisehaus »Karop« fand, war sie im Gastgewerbe schon längst heimisch geworden.

Ein Speisehaus war eine Großküche mit leistbaren Preisen, eine Art »Mittagstisch für jedermann«. Ihren Ursprung hatten viele Speisehäuser dieser Art im Mangel der Nachkriegszeit. Sie sorgten dafür, dass jeder eine günstige und warme Mahlzeit bekam. Als Luise im Speisehaus anfing, war es längst zu einer Art riesigem, kostengünstigem Restaurant geworden. An die Anfänge als Armenversorgung erinnerten nur mehr die Krüge Wasser, die auf allen Tischen gratis zur Verfügung standen.

Pro Tag wurde für bis zu 1.500 Gäste gekocht. Nun war Luise in ihrem Element. Ob zum Fleisch, zum Gemüse, zum Salat, zum Anrichten der Teller oder in die Mehlspeisküche – überall konnte man Luise »hinstellen«. Wenn jemand ausfiel, sprang sie ein. Sie liebte die Abwechslung und wurde so zu einer wahren Allround-Könnerin.

Es wurde damals noch alles, wirklich alles frisch zubereitet. Ein Aufwand, der heute allein von den Personalkosten her nur mehr in wenigen Restaurants möglich ist. Luise: »Jede Woche ist die alte Köchin auf den Bauernmarkt gegangen und hat dort das Gemüse eingekauft. Es wurde dann alles täglich zugeliefert und danach frisch verkocht.« Ob rote Rüben oder Bohnen für den Salat, Spinat, Karotten, Erbsen oder Erdäpfel als Beilage – nichts war konserviert, vorgekocht oder gar eingefroren.

Wöchentlich wurden aus der Fleischerei mehrere Schweinehälften, ein halbes Rind und auch zwei ganze Kälber angeliefert. Freitags kam ein Fachmann, der das Fleisch grob zerteilte. Die Feinarbeit übernahmen Luise und ihre Kolleginnen. Schweinsbraten, Rindsschnitzel oder Schweinsschnitzel – alles musste exakt geschnitten werden. »Die Chefin hat uns kontrolliert und jedes Schnitzel einzeln auf die Waage gelegt. Das Gewicht musste ganz genau passen! Da war sie sehr streng.«

Luise lernte dort vor allem eines: sorgfältig wirtschaften. Die angelieferten Tiere etwa wurden komplett verwertet. Heute ist es wieder modern, das »ganze Tier« zu verkochen und nicht nur die edlen Teile wie Schnitzel, Bratenfleisch oder Filet zu verwenden. Im Speisehaus war das selbstverständlich, allerdings nicht aus Gründen der Nachhaltigkeit, sondern aus Sparsamkeit. Alle Knochen wurden zu Suppe verkocht, das Bries vom Kalb wurde gebacken und sogar Teile vom Kalbskopf wurden auf vielerlei Art verwendet – vom Sulz bis zum gebackenen Kalbskopf.

Die ausgekochten Suppenknochen wurden nicht weggeworfen, sondern sorgfältig nach Fleischresten abgesucht. Dieses Fleisch wurde faschiert und zu Fleischfrittaten weiterverarbeitet. Dafür wurde das Fleisch kurz angebraten, gewürzt, in Palatschinken gefüllt, eingerollt, paniert und gebacken. Mit Salat oder Gemüse war das eine sehr beliebte Hauptspeise.

Das Speisehaus bestand noch bis 1969/70. Es wurde geschlossen, bald nachdem die Chefin, die das Lokal gegründet und aufgebaut hatte, gestorben war. Und Luise? Sie ist längst selbst im Pensionsalter, aber noch immer Köchin aus Leidenschaft. Sie verwendet noch immer ihr Messer von damals, mit dem sie tausende Schnitzel geschnitten hat. Es war ein Abschiedsgeschenk nach langen Dienstjahren, ebenso wie einer der riesengroßen Töpfe – ein Meter hoch und fast ein Meter im Durchmesser. Er erinnert sie an die Zeiten, als sie den schweren, vollen Topf vom Herd herunterheben und vom Keller ins Erdgeschoß des Speisehauses tragen musste. Es wäre nicht Luise, hätte sie für diesen Topf nicht auch noch eine Verwendung: Heute dient er zum Auffangen des Regenwassers aus der Dachrinne!

DAS ERSTE BRATHUHN MIT NEUN JAHREN.

Vor etwa 50 Jahren lebte das Mädchen Anni auf einem Bauernhof bei Güssing im Burgenland. Heute ist sie die Seniorchefin einer Uhudler-Buschenschank. Doch schon die Volksschülerin Anni interessierte sich für alles, was mit dem Thema Kochen zu tun hatte. In ihrer Familie war es der Vater, der gerne kochte und sogar in Kochbüchern nach neuen Rezepten stöberte.

Eines Tages arbeiteten die Eltern wieder einmal auf dem Feld und die neunjährige Anni war mit ihrem 80-jährigen Großvater allein zu Hause. Anni wusste,

22

die Eltern würden erst abends heimkehren und sie hätten dann kein warmes Essen. Der Gedanke gefiel dem Mädchen ganz und gar nicht. Spontan beschloss es, einfach selbst etwas zu kochen.

Das einzige Problem war, dass Anni noch nie in ihrem Leben eine Speise ganz allein zubereitet hatte. Sie hielt sich nicht lange mit Bedenken auf und beschloss ein »gefülltes Hendl« zuzubereiten. Sie hatte oft genug dabei zugesehen, warum also sollte es ihr nicht gelingen?

Als Erstes organisierte sie die Hauptzutat. Sie wusste, die jungen Hühner am Hof waren gerade groß genug und perfekt zum Braten oder Backen.

Also wurde der Opa eingeteilt: »Hilf mir, das Hendl zu schlachten!«

Wer jetzt geschockt ist, möge bedenken, dass für Kinder auf Bauernhöfen Hausschlachtungen früher alltäglich waren. Mindestens einmal im Jahr wurde ein Schwein geschlachtet und vor den Augen aller Hausbewohner auch zerteilt. Für die Kinder aus der »Backhendl-Region« der südlichen Steiermark und des südlichen Burgenlands war es darüber hinaus normal, dass jeden Sonntag ein Hendl aus eigener Haltung frisch geschlachtet auf den Tisch kam. Vor einigen Jahren führte ich mit einer Bauernfamilie aus der Oststeiermark ein Gespräch. In der kinder-

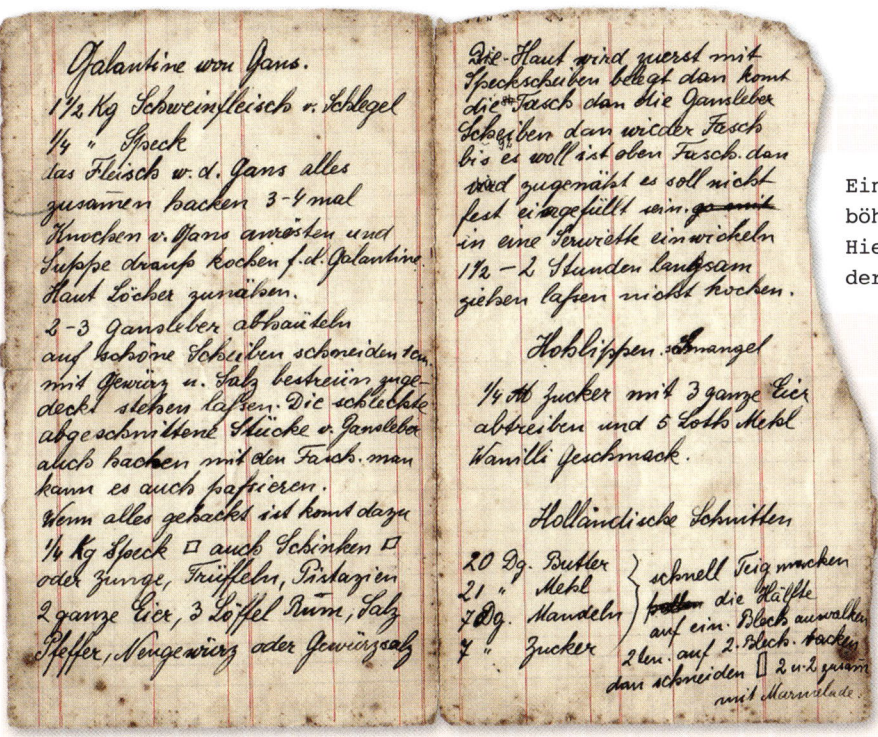

Eine Seite aus dem Kochbuch der böhmischen Köchin Elisabeth. Hier das sehr aufwändige Rezept der »Galantine von der Gans«.

reichen Familie blieben sonntags immer abwechselnd zwei der Kinder daheim, um ein oder zwei Hühner zu schlachten, zu rupfen, auszunehmen und sie auch gleich im Backrohr zuzubereiten, anstatt mit in die Kirche zu gehen.

Wieder zurück zu unserer Geschichte: Annis Großvater war nicht mehr gut auf den Beinen und daher nicht mehr schnell genug, um ein Hendl einzufangen. Also ging das Mädchen in den Stall, wählte einen schönen großen Gockel aus, packte ihn und trug ihn zum Opa. Dieser köpfte den Hahn, so wie es damals üblich war. Das Rupfen übernahm Anni, der Opa schüttete immer wieder heißes Wasser auf das Tier, damit die Federn sich leichter lösten. Zurückgebliebene Härchen wurden mit Feuer abgeflammt. Dafür zündete der Opa einfach ein Stück Zeitung an und hielt es kurz an die Hendlhaut. Anschließend wurde das Tier gründlich gewaschen, bevor der Großvater den Bauch öffnete und beide gemeinsam die Innereien entfernten.

Anni würzte den Hahn, füllte ihn fachgerecht mit Semmelwürfeln, Zwiebel, Leber, Ei und Petersilie, legte ihn in eine passende Rein und schob ihn in den vorgeheizten Holzofen. Als die Eltern abends heimkamen, waren sie überrascht und sehr stolz auf ihre tüchtige Tochter. Der Gockel mit Semmelfülle hat allen hervorragend geschmeckt!

Ich glaube nicht, dass so eine Geschichte heute noch möglich wäre. Vorbei sind die Zeiten, als auf den Bauernhöfen (fast) nur selbst geschlachtete Tiere verzehrt wurden. Wer damals kochen lernte, musste auch wissen, wie die Hühner, Enten, Gänse, Hasen und Fische zu töten und auszunehmen waren.

Interessant, dass es seit ein paar Jahren in manchen Kreisen »in« ist, nur Fleisch von Tieren zu essen, die man selbst geschlachtet hat, um damit dem Tod des Tieres Respekt zu zollen und nicht fertig abgepacktes, »anonymes« Fleisch im Supermarkt zu kaufen. Der Autor eines Öko-Ratgebers empfiehlt sogar: »Schlachte ein Huhn.« Er meint, jeder, der Fleisch isst, sollte zumindest einmal dabei gewesen sein, wenn ein Tier sein Leben lässt. Er schreibt: »Wer eigenhändig ein Tier geschlachtet hat, lernt nicht nur über Anatomie, Fleisch und Lebensweise der Tiere, sondern auch das Leben zu achten.«

GUTE KÖCHINNEN UND KÖCHE FÜRCHTEN SICH NICHT VOR DEM VERSAGEN,

selbst dann nicht, wenn eine Speise tatsächlich misslingt. Sie finden eine Lösung, wenn der Strudelteig beim Ausziehen reißt. Dann werden die Löcher eben geflickt. Und falls etwas komplett danebengeht, wird eben improvisiert. Die Bäuerin Ella aus dem Stanzertal in der Steiermark weiß sich jedenfalls immer zu helfen: »Mir misslingt immer wieder was, aber weggeschmissen wird nichts. Bei der Rettung von Speisen ist halt Fantasie gefragt!« Einmal ist es ihr, der geübten Köchin, sogar passiert, dass die Semmelknödel im Wasser komplett zerfallen sind. Ella hat die Masse herausgefischt, sie abgeseiht und am nächsten Tag zu einem feinen Schmarren verarbeitet. Ihr Kommentar dazu: »Ei drüber, Salat dazu, gerettet!« Die kluge Frau

»Mir misslingt immer wieder was, aber weggeschmissen wird nichts. Bei der Rettung von Speisen ist halt Fantasie gefragt! «

wendet seither jeden Semmelknödel vorsichtshalber noch in Mehl, bevor sie ihn kocht – und die Knödel gelingen immer.

Ella und ihr Mann Fritz sind jahrelange, geschätzte Gesprächspartner von mir. Diesmal lädt sie mich zum Strudelkochen in ihre Küche ein. Denn man muss gesehen haben, wie sie ihren hauchdünnen, feinen Suppenstrudel macht – daher findet sich zum Rezept auf S. 26 ein Bild als Anleitung. Es erklärt mehr als viele Worte.

Während Ella den Teig knetet und den Strudel auszieht, erzählt sie von ihrem Lebensweg als kochende Frau. Wie viele gute Köchinnen hat sie sich schon als Kind für diese hohe Kunst interessiert. Sie soll oft gesagt haben, dass sie am liebsten eine Köchin im Gasthaus wäre. Das ist zwar nie passiert, aber noch heute lebt sie auf, wenn all ihre Kinder kommen und sie richtig »aufkochen« kann.

Mit 15 Jahren, nach Abschluss der Haushaltungsschule, wurde Ella ins »kalte (Koch-)Wasser« geworfen beziehungsweise hüpfte sie selbst hinein. Das Mädchen nahm eine Stelle als allein verantwortliche Haushaltshilfe in einem Diplomatenhaushalt in Luxemburg an. Der Diplomat war zwar ihr Onkel, aber ihr Dienstbeginn gestaltete sich trotzdem turbulent. Am 30. Dezember kam sie an ihrem neuen Dienstort an, am nächsten Tag frühmorgens wurde die Tante schon zur Entbindung ihres ersten Kindes ins Krankenhaus gebracht.

Nun war die 15-Jährige allein in einer fremden Küche in einem fremden Land. Wenn Ella heute von dieser Zeit erzählt, sieht sie das Positive: »Gott sei Dank sprechen sie in Luxemburg Deutsch!« Die ersten Tage waren geschafft und es wurden schon bald die großen, offiziellen Einladungen geplant. Gäste kamen und wollten standesgemäß bewirtet werden.

Die kluge Frau wendet seither jeden Semmelknödel vorsichtshalber noch in Mehl, bevor sie ihn kocht – und die Knödel gelingen immer.

Viele Rezepte waren Ella noch fremd und so kochte sie zu Beginn gemeinsam mit ihrer Tante. Einmal gab es Fondue. Nachdem den Gästen aufgetragen war, durfte auch sie in der Küche das neuartige Essen probieren. Sie konnte einfach nicht glauben, dass die Fleischstückchen ungesalzen ins Öl getaucht werden sollten, und würzte sie deshalb kräftig. Schnell wurde sie eines Besseren belehrt. Nachdem sie das gesalzene Fleisch in die pikanten Saucen getaucht hatte, konnte sie ihren Durst kaum bändigen: »Ich bin mit dem Trinken nicht nachgekommen! Jeder macht so seine Erfahrungen.«

Ella lernte schnell und kombinierte bald gekonnt die heimische Küche mit der internationalen. Als sie die Familie nach Brüssel begleitete, fanden ihre Gerichte großen Anklang. Nach einem halben Jahr in Belgien zog es sie wieder in die Heimat und wenig später heiratete sie und wurde Bäuerin.

Inzwischen ist der Suppenstrudel fertig. Ella wird ihn dieses Mal nicht in der Rindsuppe servieren, sondern ihn knusprig gebraten als Hauptspeise mit Salat kredenzen. Mahlzeit!

Fischbacher Suppenstrudel

Ein Suppenstrudel ist eine köstliche Einlage für klare Suppen. Der Fischbacher Suppenstrudel, benannt nach seiner Herkunft, den Fischbacher Alpen, »kann« aber noch mehr. In der Pfanne gebraten, serviert mit einem grünen Salat, ist er eine hervorragende Hauptspeise.

Die Heimat dieses Suppenstrudels ist die Gegend vom steirischen Mürztal bis ins südliche Burgenland. Man bezeichnet ihn auch als »z'sammg'legten Knödel«, weil der Strudel nicht mit dem Strudeltuch wie ein Apfelstrudel gerollt, sondern gelegt wird.

Worauf kommt's nun beim Fischbacher Suppenstrudel an? Der Strudelteig sollte nicht zu dick, sondern hauchzart sein. Die Füllung für den Fischbacher Suppenstrudel ist simpel: reichlich Kräuter, sehr wenig Grammeln, manchmal auch Semmelwürfel – fertig! Der feine Teig steht im Mittelpunkt des geschmacklichen Interesses, nicht so sehr die Füllung.

—— Zutaten ——

Für den Strudelteig: 250 g Mehl, glatt / 2 EL Pflanzenöl / 2–3 EL Wasser, lauwarm / 1 Ei / evtl. Salz

Für die Fülle: 100 g Grammeln, fein faschiert / 1–2 EL Schnittlauch oder Petersilie

—— Zubereitung ——

1. Die Zutaten für den Teig vermischen und zu einem nicht zu weichen Strudelteig verkneten. Der Teig wird mit den Händen so lange durchgeknetet, bis er schön seidig und glatt ist. Den Teig zu einer Kugel formen, rundum leicht mit Öl bestreichen und zugedeckt an einem warmen Ort mindestens eine halbe Stunde rasten lassen.

2. Den Teig in einer ersten Phase mit dem Nudelwalker grob ausrollen. Dann mit beiden Händen unter den Teig greifen und ihn über den Handrücken ziehen. Dies so lange wiederholen, bis der Teig hauchdünn ist.

3. Den Teig im Gedanken der Länge nach dritteln. Die beiden äußeren Drittel mit Grammeln und feingehackten Kräutern belegen.

4. Nun geht's ans »Z'sammlegen«. Den Strudel von beiden Seiten aufeinanderlegen (siehe Foto).

5. Den Teig in der Mitte trennen.

6. Die Portionen abtrennen. Dafür verwendet man einen Teller oder einen anderen stumpfen Gegenstand, der den Teig durchdrückt und nicht schneidet. So werden die Kanten gut abgeschlossen und die Grammeln treten beim Kochen nicht aus.

7. Den Strudel in Salzwasser sanft kochen und entweder als Suppeneinlage verwenden oder in wenig Fett langsam braten und mit einem frischen Blattsalat als Hauptspeise servieren.

Böhmischer Topfenkuchen

Dieses Rezept stammt von Elis, der böhmischen Köchin, von der in diesem Kapitel die Rede ist. Es wurde in ihrer Familie über mehrere Frauengenerationen bis heute mündlich und »kochenderweise« weitergegeben.

Elis hat für den Belag immer extra einen Blechlebkuchen nach altem Rezept gebacken. Der Lebkuchen ist auch das typisch Böhmische am Topfenkuchen. Er ist in Tschechien noch heute eine traditionelle Zutat zur feinen Sauce des Weihnachtskarpfens.

Geriebener Lebkuchen verfeinert hier den Topfenbelag und geht mit der zerlassenen, darübergeträufelten Butter – nicht weglassen! – eine wunderbare Verbindung ein.

—— Zutaten ——

Für den Germteig: ½ Würfel Frischgerm / ca. 40 g Staubzucker / ca. 70 ml Milch / 300 g Mehl, glatt / Prise Salz / 1 Dotter / 3–5 EL Butter

Für den Belag: 1 Dotter / Staubzucker nach Geschmack / 300 g Topfen / ca. 70 g harter Honiglebkuchen zum Darüberreiben / zerlassene, nicht zu heiße Butter zum Beträufeln

—— Zubereitung ——

1. Germ mit etwas Zucker und etwas warmer Milch verrühren und an einem warmen Ort zu einem Dampfl (siehe S. 17) aufgehen lassen.

2. Dampfl mit den restlichen Zutaten vermengen und gut miteinander durchkneten. An einem warmen Ort zugedeckt gehen lassen.

3. Den Teig auf die Größe einer Auflaufform auswalken und auf ein befettetes, bemehltes Backblech geben.

4. Für den Belag Dotter und Zucker schaumig rühren und mit dem Topfen vermischen. Den Belag auf den Teig streichen und dann den Lebkuchen großzügig über den Kuchen reiben.

5. Im vorgeheizten Backrohr bei 170° C, Ober- und Unterhitze, backen. Nach dem Erkalten mit zerlassener Butter nach Geschmack beträufeln.

❧ TIPP ❧

Beim Beträufeln mit der Butter nicht sparen! Nur so erhält man den typischen, feinen Geschmack.

Luises Rindsgulasch

Luise wiegt die Zutaten für das Gulasch nie ab und kocht auch nicht nach Rezept, sondern nach Gefühl. Sie hat lange in der Küche eines »Speisehauses« gearbeitet und liebt es seit damals für eine große Anzahl von Menschen zu kochen. Sie freut sich, wenn viel Besuch kommt, denn dann hat sie wieder Gelegenheit, einen richtig großen Topf Gulasch zu kochen! Pro Person sollte man mit gut 200 Gramm Wadschinken rechnen. Zu näheren Angaben ließ sich Luise nicht hinreißen.

Zutaten

Zwiebeln / Wadschinken / Paprika / Wasser / Lorbeerblatt, Majoran, Thymian, Kümmel / Knoblauch / Salz / etwas Mehl zum Binden / ein Schuss Rotwein

Zubereitung

»Normalerweise nimmst du die gleiche Menge an Zwiebeln und Fleisch. Aber als ich das letzte Mal Gulasch gemacht habe, waren wir zwölf Leute. Da hätte ich für 4 kg Fleisch 4 kg Zwiebeln schneiden müssen – das tu ich mir nicht an. Ich habe also nur die Hälfte genommen und es war auch so gut. Zuerst röstest du die geschnittenen Zwiebeln an, bis sie goldig sind, dabei immer schön rühren. Dann das würfelig geschnittene Fleisch dazugeben und wieder rösten. Ich nehme immer Wadschinken, das ist ein richtiges Gulaschfleisch. Man kann auch den Hals nehmen, aber auf keinen Fall fettarmes, trockenes Fleisch wie Schnitzelfleisch. Als nächstes kommt Paprikapulver dazu. Ob ich scharfen Paprika nehme? Es kommt darauf an, für wen ich das Gulasch mache. Manche mögen es gerne scharf. Wie viel? Das ist Gefühlssache. Aber es ist wichtig, dass der Paprika nicht erhitzt wird, sonst wird er bitter. Deshalb, wenn du den Paprika dazu gibst, musst du sofort mit Flüssigkeit aufgießen. Ich gieße mit Wasser auf, man kann auch mit Rotwein aufgießen. Das mache ich nicht, ich gebe lieber zum Schluss ein bisschen Rotwein dazu. Das verfeinert den Geschmack! So, jetzt kommen die Gewürze hinein: Lorbeerblatt, Majoran, Thymian, Kümmel, etwas Knoblauch. Salzen nicht vergessen. Nun soll das Ganze langsam zwei bis drei Stunden vor sich hin kochen. Aber schon darauf achten, dass das Fleisch immer mit Flüssigkeit bedeckt ist, gell? Zum Schluss noch die Flüssigkeit mit Mehl binden. Am allerbesten ist das Gulasch, wenn du es schon am Vortag zubereitest und wieder aufwärmst. Warum? Weil der Zwiebel und die Gewürze anziehen.«

Gefülltes Brathendl

Ein Brathuhn mit Semmelfülle schmeckt gut und liefert die Beilage gleich mit. Das wusste schon die neunjährige Anni, die mit diesem Gericht einen grandiosen Einstieg in ihre Kochkarriere feierte. So gesehen ist das Rezept »kinderleicht« und auch für Kochanfänger machbar.

Leider werden heute den bratfertigen Hühnern die Innereien nicht mehr beigelegt. Man sollte trotzdem nicht auf die Hühnerleber verzichten. Sie macht »das Eitzerl« Unterschied im Geschmack zu einer herkömmlichen Semmelfülle aus.

Zutaten

Für die Fülle: 3 altbackene Semmeln oder 100 g Knödelbrot / 5 EL Milch / 1 Stk. Hühnerleber / 1 mittelgroße Zwiebel / etwas Pflanzenöl zum Anbraten / 1 Ei / 1 EL Mehl / Petersilie, fein gehackt / Salz, Pfeffer

Für das Brathendl: 1 Huhn (ca. 1 ½ kg) / Salz, Pfeffer / Pflanzenöl

Zubereitung

1. Die in kleine Würfel geschnittenen Semmeln oder das Knödelbrot mit Milch befeuchten.
2. Hühnerleber sehr fein schneiden und mit der fein geschnittenen Zwiebel in wenig Öl kurz rösten.
3. Semmelmasse mit der Leber, der Zwiebel und den restlichen Zutaten vermischen, mit Salz und Pfeffer würzen und kurz ziehen lassen.
4. Das Huhn außen und innen gründlich waschen und trocken tupfen. Außen und innen salzen und pfeffern und mit der Semmelmasse füllen.
5. Das Hendl mit der Brustseite nach unten bei 180° C, Ober- und Unterhitze, ca. 60–70 Minuten braten. Dabei immer wieder mit etwas Wasser und dem entstehenden Saft begießen.
6. Das fertige Hendl kurz rasten lassen und mit der Geflügelschere zerkleinern.

❧ TIPP ❧

Anni empfiehlt, den Bauch nicht zu verschließen. Dann erst wird die Semmelfülle richtig knusprig! Man kann auch etwas mehr von der Semmelmasse zubereiten und sie zu Knödel geformt zum Huhn aufs Backblech legen und mitbraten.

Mit einer Morgensuppe fängt der Tag gut an

Eine Suppe am Morgen? Das klingt exotisch,
ist es aber ganz und gar nicht. Die Morgensuppe
gehört zur kulinarischen Geschichte unseres
Landes und ist es wert, wiederentdeckt zu werden!

KEIN KAFFEE, KEIN TEE, SONDERN EINE SUPPE

war noch bis vor wenigen Jahrzehnten am Land die gewöhnliche Morgenmahlzeit. Das typische Frühstück war die sogenannte saure Suppe, die aus Wasser, Sauermilch oder Buttermilch, Salz, Kümmel und manchmal auch ein wenig saurem Rahm zubereitet wurde. Dazu reichte man heiße Erdäpfel, Sterz oder servierte sie mit klein geschnittenem Brot als Suppeneinlage. Die Morgensuppe war derart selbstverständlich, dass im Bauernalltag das Wort »Frühstück« gar nicht vorkam und die Frühmahlzeit stattdessen einfach »Suppenessen« genannt wurde.

Vom gesundheitlichen Standpunkt aus spricht viel für die Morgensuppe. Sie ist gut verträglich, wärmend und kräftigend, schont Magen und Darm und gibt Energie für den Start in den Tag. Schade, dass die Suppe am Morgen bei uns in Vergessenheit geraten ist, denn eigentlich ist sie fast so etwas wie ein österreichisches Kulturgut.

Überall dort, wo die Milchwirtschaft eine große Rolle spielte, kam die saure Morgensuppe auf den Tisch, also vor allem in den Berg- und Almgebieten. In Gegenden, wo nicht so viele Rinder gehalten wurden, dominierten zum Frühstück Speisen aus Getreide, wie zum Beispiel Polenta oder reine Mehlsuppen. Diese Zusammenhänge sind uns heute, wo wir in

Die Morgensuppe war derart selbstverständlich, dass im Bauernalltag das Wort »Frühstück« gar nicht vorkam und die Frühmahlzeit stattdessen einfach »Suppenessen« genannt wurde.

Europa mehr Milch produzieren als, wir verbrauchen können, schwer verständlich. Früher hingegen war die Anzahl der Kühe, die ein Bauer halten konnte, abhängig von der Weidemöglichkeit. Das Gras im Tal musste als Heufutter für den Winter gespart werden, also wurden die Kühe auf die Almen getrieben. Dort wo diese Ausweichmöglichkeit nicht bestand, wurden daher auch weniger Rinder gehalten und eher Schweinezucht betrieben.

Ob Sauermilchsuppe oder Mehlsuppe – die Tradition der Morgensuppe ist viel älter als unsere heutigen Frühstücksgewohnheiten. Bereits im Mittelalter kannte man eine dicke Morgensuppe mit geschrotetem Getreide als Kraftspender für den ganzen Tag. Damals waren nur zwei Mahlzeiten am Tag üblich: die Morgenmahlzeit um 9 Uhr und die Abendmahlzeit um 16 Uhr. Die breiartige Morgensuppe galt als vollwertiges Gericht und sättigte lange.

Über Jahrhunderte hinweg war aber nicht nur bei den Bauern, sondern in allen Gesellschaftsschichten eine warme Suppe das gewöhnliche Frühstück. Noch von den Kindern der Kaiserin Maria Theresia wird berichtet, dass sie drei bis vier Mal pro Woche ihre Frühstückssuppe essen mussten. Damals begannen sich aber schon die Frühstücksgebräuche der Oberschicht durch die neuen Luxusgetränke Kaffee, Schokolade und Tee stark zu verändern.

Die Suppe, wie wir sie kennen, nämlich als eine Art Vorspeise oder ersten Gang, wurde erst im 19. Jahrhundert gebräuchlich. Zunächst änderte sich die Suppentradition bei Adeligen. Bald setzten sich auch im Bürgertum klare Suppen durch und die Rindsuppe zum Mittagessen trat ihren Siegeszug in der österreichischen Küche an. Gleichzeitig wurde die Frühsuppe nach und nach durch Kaffee, Tee oder Kakao ersetzt.

Spät, erst um die Mitte des 20. Jahrhunderts, änderten sich auch die Frühstücksgewohnheiten im bäuerlichen Bereich. Die Morgensuppe verschwand und stattdessen tauchte die mittägliche »Vorsuppe« auf, die Suppe als erster Gang der Speisenfolge. Damit setzten sich auch am Land neue Suppenrezepte durch, etwa Suppen mit Einlagen wie Frittaten oder Grießnockerl.

IN ASIEN IST DIE FRÜHSTÜCKSSUPPE HEUTE NOCH GANG UND GÄBE.

In Japan bereitet man morgens die Miso-Suppe zu, in Indonesien eine Hühnersuppe und in China eine Reis- oder Nudelsuppe beziehungsweise eine Suppe mit Tofu oder Wan-Tan. Die Traditionelle Chinesische Medizin, besser bekannt ist bei uns die Abkürzung TCM, empfiehlt sogar ausdrücklich eine warme Mahlzeit wie Suppe zum Frühstück und eine leichte, warme Mahlzeit, eventuell wieder eine Suppe, als Abendessen.

Das Sprichwort »Warum in die Ferne schweifen, wenn das Gute liegt so nah« trifft wunderbar auf die alte Suppenkultur zu, die im Prinzip dasselbe empfiehlt wie die Chinesische Medizin. Vor Jahren führte mir eine ältere oberösterreichische Bäuerin die Vorzüge ihrer Frühstückssuppe, der sauren Suppe, vor Augen. Sie betonte, dass man sich an dieser Suppe nicht »abisst«, dass man ihrer also nicht überdrüssig wird. Deshalb gab es diese Suppe in ihrer Kindheit und Jugend sowohl zum Frühstück als auch zum Abendessen und manchmal sogar zur Vormittagsjause. Sauermilch und Kümmel würden außerdem der Verdauung guttun und eine warme Mahlzeit, fand sie, sei sowieso gesünder als ein kalte.

Heute sind wir es gewöhnt, unser Frühstück unmittelbar nach dem Aufstehen zu uns zu nehmen. Vielleicht ist das auch der Grund, warum es so viele Frühstücksmuffel gibt, die morgens keinen Bissen essen können. Früher hielt man es hingegen so: Gegessen wurde nicht sofort nach dem Aufwachen, sondern erst mindestens eine Stunde später, wenn die Stallarbeit schon erledigt war. Bis dahin hatte sich schon ein ordentlicher Hunger entwickelt und deshalb gab es zur Suppe immer eine Sättigungsbeilage. Das waren Brotstücke oder zerteilte Erdäpfel als Suppeneinlage, aber auch ganze gekochte Erdäpfel, die mit der Hand zur Suppe dazugegessen wurden.

Eine klassische Einlage für die saure Suppe waren die »Brotschnitteln«. Dafür wurde altes, schon etwas hartes Brot in kleine, dünne Scheibchen geschnitten. Früher machte man das so: Mit einem extra dafür vorgesehenen halbrunden Messer, hergestellt aus der Spitze einer Sense, wurde der Brotlaib bearbeitet. Dabei fielen die »Schnitteln« an, die, wenn sie sehr hart waren, vor dem Essen eine Zeitlang in der heißen Suppe aufgeweicht wurden.

Zur sauren Suppe schmeckte auch ein frisch gemachter Brennsterz hervorragend. Er wurde früher bei Tisch aus einer gemeinsamen Schüssel gegessen. Dafür gab es in den Häusern sogar eigene Vorrichtungen: Oben thronte der Suppentopf, unterhalb die Schüssel mit Sterz. Alle saßen ringsum, einen Löffel in der Hand, und nahmen abwechselnd Suppe und Sterz.

Heute sind Suppen wieder absolut im Trend, die Morgensuppe allerdings (noch) nicht. Vielleicht wird sie es, wenn wir bedenken, dass sie uns in der Früh ein wenig Entschleunigung schenken könnte. Einen Kaffee kann man hastig hinunterstürzen, eine Suppe hingegen braucht Zeit und ist – Löffel für Löffel – eine kleine Auszeit am Morgen.

Saure Supp'n mit Brennsterz

Diese bekömmliche Suppe ist fast ein Heilmittel. Wer Magenprobleme hat und wem Kaffee in der Früh nicht guttut, der ist mit dieser Morgenmahlzeit gut beraten. Will man sich am Morgen nicht an den Herd stellen, kann man eine größere Menge auf Vorrat zubereiten. Die Suppe hält sich im Kühlschrank ohne weiteres ein paar Tage.

Der Name »Brennsterz« kommt vermutlich daher, dass das Mehl »abgebrannt« wird, das heißt, dass kochendes Wasser unter ständigem Rühren auf das Mehl gegossen wird. Wer will, kann das Mehl auch vorher in einer Pfanne rösten, bis es duftet – diesen Vorgang nennt man »linden«. Ob der Sterz danach anders oder besser schmeckt, darüber scheiden sich die Geister.

Wer schon einmal einen Brennsterz gekostet hat, weiß, wie köstlich er schmeckt. Weder klingt der Name »Brennsterz« besonders verheißungsvoll noch machen die eher schlichten Zutaten unbedingt Appetit. Für die, die ihn noch nicht kennen, also eine Empfehlung: Ausprobieren!

Zutaten

Für die Suppe: 500 ml Buttermilch oder saure Milch / 40 g Mehl / 500 ml Wasser / Salz / 1 TL Kümmel, ganz / 125 ml Sauerrahm

Für den Brennsterz: 200 g Roggenmehl / 200 g Weizenmehl, griffig / Salz / 500 ml Wasser / 50 g Butter oder Butterschmalz

Zubereitung

1. Saure Milch oder Buttermilch mit dem Mehl versprudeln.
2. Wasser mit Salz und Kümmel aufkochen.
3. Die Milch-Mehl-Mischung in das heiße Wasser einsprudeln und kurz kochen lassen.
4. Vor dem Anrichten den sauren Rahm dazurühren.
5. Für den Brennsterz beide Mehlsorten in einer Schüssel vermischen und gut (!) salzen.
6. Das Wasser zum Kochen bringen und nach und nach über das Mehl gießen. Alles gründlich miteinander verrühren.
7. Fett in einer Pfanne erhitzen und den Teigklumpen hineingeben. Mit einer Schmarrenschaufel den Teig feinbröckelig zerteilen und gut durchrösten.

❧ TIPP ❧

Brennsterz schmeckt nur gut, wenn er in möglichst kleine »Bröckerl« zerteilt wird und man mit Fett nicht spart. Zur Brennsuppe schmeckt alternativ auch altbackenes, zerkleinertes Schwarzbrot, das in den Tellern portionsweise angerichtet und mit der heißen Suppe übergossen wird. Möglich sind auch gekochte, würfelig geschnittene oder zerstoßene Erdäpfel als Suppeneinlage.

Vom Gabelfrühstück und anderen »Jausenpausen«

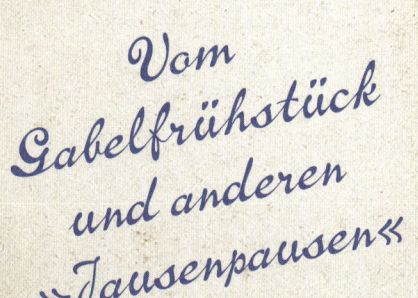

Wer jausnet, gönnt sich ein wenig Ruhe und unterbricht seine Arbeit. Unsere Jausentraditionen stammen aus einer Zeit, als das Lebenstempo langsamer war und die Tage noch einen gleichbleibenden Rhythmus hatten. Grund genug, um sich wieder mal eine Jausen-Auszeit zu schenken ...

WAS IST EINE JAUSE?

Das Wort selbst stammt aus dem Slowenischen. Južina bedeutet so viel wie »Mittagessen«. Das erinnert uns daran, dass es im Mittelalter nur zwei Hauptmahlzeiten gegeben hat: das Frühstück und das Abendessen (am späten Nachmittag). Die Jause war ursprünglich die Zwischenmahlzeit zu Mittag. Der österreichische Historiker Roman Sandgruber erkennt darin die Grundlage für unser Dreimahlzeitensystem. Als das Mittagessen als Hauptmahlzeit fest etabliert war, schob sich die Jause als Zwischenmahlzeit in den Nachmittag, dafür wurde nun etwas später zu Abend gegessen. Erst als das ursprünglich sehr frühe Mittagessen von 11 Uhr auf 12 Uhr und später verschoben wurde, kam die Vormittagsjause dazu.

In Österreich versteht man unter einer Jause einen kleinen Imbiss, der zwischen den Hauptmahlzeiten eingenommen wird. Es ist ungefähr das, was man in Bayern als Brotzeit, in Schwaben und Franken als Vesper und in Südtirol beziehungsweise Tirol als Marende bezeichnet.

Doch nun fangen die Unklarheiten erst an. Wenn beispielsweise ein Oberösterreicher sagt, er jausnet gerne, kann das auch heißen, dass er gern kalt zu Abend isst. Für ihn bedeutet »jausnen« Wurst, Speck, Käse oder einen Aufstrich zu sich zu nehmen.

Für Wiener kann der Begriff »Jause« etwas völlig anderes bedeuten. »Kommst du zur Jause?« bedeutete (früher) in Wien: »Kommst du zu Kaffee und Kuchen?« Die klassische »Wiener Jause« ist eine Kaffee-

jause am Nachmittag. Darunter versteht man einen gepflegten Kaffee und ein Stück Mehlspeis'. Das kann ein Gugelhupf sein, ein Stück Kuchen oder Biskuitroulade, eine Cremeschnitte, ein Apfelstrudel oder auch einmal ein Stück Torte.

Diese Art von Kaffeejause ist ein Rest von biedermeierlichem gemütlichem Zusammensein. Es stammt aus einer Zeit, in der das Bürgertum mehr Tagesfreizeit hatte und sich Damen nachmittags zum Kaffee trafen. Die »Wiener Jause« hat eher Ähnlichkeit mit dem englischen »Fünf-Uhr-Tee« als mit der rustikalen Jause im restlichen Österreich. Es ist so etwas wie eine elegante Auszeit aus dem Alltag, in der man sich mit Süßem und einer Tasse Kaffee etwas Gutes tat.

Eine solche Einladung war mit einem gewissen Aufwand verbunden. Ein schönes Tischtuch wurde aufgelegt, das feine Kaffeeservice aufgedeckt, vielleicht auch Servietten dazugelegt und Blumen als Tischschmuck aufgestellt. Dem Anlass entsprechend zog sich auch die Gastgeberin um. Eine Kaffeejause – ob zu Hause oder in einer Konditorei – war immer auch ein gesellschaftliches Ereignis.

Die klassische »Wiener Jause« besteht aus Kaffee oder Tee und einer guten Mehlspeis'.

66. Zweiter Brodpuding.

10 dkg. Zucker, 6. Dotter, 12. dkg. geröstetes
Brod 6. Schnee, ¾. Stund in Dunst kochen
¼ Liter Rothwein 6 dkg. Zucker, 2 Stück
kochen Buding begießen,

67. Gefüllte Wecken.

24 Löff. Berlin Butter, 12 Löff. Schinken ohne Fett.
12. " Zunge 3. hart gekochte Dotter, werden
sehr rüstig, geschnitten einige Klein
Zucker im Kaffeelöffel Brust, 3 Löff. Rayern,
etwas Pistazien und Pfeffer. Alles gut
zerlassen gemischt eine Wecken wird geschält
fest hineingeben und einige Stunden an
kalten Orte stehenlassen kann dann
schön gebraucht werden. 68) Muffings.
5 Nudel Mehl. 1 Löffel gegangene Hefe,
4 Liter Milch, bißchen Salz. den Teig mit einer
Wärme das aufgehen lassen mit dem Knetstock

Eine Seite aus dem Kochbuch von Elis, der
böhmischen Köchin. Es zeigt ein Rezept für
gefüllten Wecken, auch bekannt als Jägerwecken.

Die Vormittagsjause als solche hat in Wien keine Tradition, außer man denkt dabei an das schon fast vergessene Gabelfrühstück. Wie der Name schon sagt, handelt es sich dabei um einen pikanten Imbiss, der meistens mit einer Gabel gegessen wird. Der Dichter Josef Weinheber schreibt in seinem Gedichtband »Wien wörtlich« 1948: »Zum Gabelfrühstück gönn' ich mir ein Tellerfleisch, ein Krügerl Bier, schieb' ab und zu ein Gollasch ein (kann freilich auch ein Bruckfleisch sein), ein saftiges Beinfleisch, nicht zu fett, sonst hat man zu Mittag sein Gfrett.«

JEDER ÖSTERREICHER KENNT WOHL DEN GABELBISSEN,

einen österreichischen Klassiker für zwischendurch, der inzwischen ein wenig aus der Mode gekommen ist. Unter einer Schicht Aspik verbergen sich Köstlichkeiten wie Schinken, Ei oder Fisch, dazu Gurkerl und Karotten sowie viel Mayonnaise. Wer gerade keine Gabel zur Hand hat, kann seinen Gabelbissen auch mit einem Stück Semmel austunken – Hauptsache nicht an die Kalorien denken!

Der Ausdruck Gabelbissen leitet sich vom Gabelfrühstück ab und erinnert an die vergessene Tradition eines zweiten Frühstücks, das zwischen 10 Uhr und 11 Uhr vormittags eingenommen wurde. Es lässt sich also darüber streiten, ob es sich beim Gabelfrühstück eher um eine Jause oder um eine pikante Ergänzung der Morgenmahlzeit handelt.

Elis, die ihren Lebensabend in Stockerau verbrachte, legte ihr ganzes Leben lang größten Wert auf die Einhaltung ihres geliebten Gabelfrühstücks. Täglich etwa um halb 11 unterbrach sie dafür ihre Arbeit. Ihre Enkelin erinnert sich: »Sehr gerne hat sie sich ein Stück Knackwurst gewärmt und dazu eine Tasse russischen Tee getrunken.« War Zeit fürs Gabelfrühstück, merkte das immer auch die Katze. Die Großmutter wurde so lange von der Katzennase gestupst, bis diese endlich ein Erbarmen hatte und der Mieze die Wursthäute abgab. War gerade frische, hausgemachte Sulz zur Hand, gönnte sich die Dame auch davon eine schöne Scheibe zum zweiten Frühstück (siehe S. 44).

Doch diese kleine Zwischenmahlzeit bedeutete für die Großmutter weit mehr als nur simple Nahrungsaufnahme. Sie, die ihr ganzes Leben lang hart gearbeitet hat, ließ sich diese kostbare kleine Auszeit nicht nehmen. War auch noch so viel zu tun, Zeit für die Viertelstunde Rast am Vormittag musste sein. Die alte Dame konnte sehr ungehalten werden, wenn ihr diese Pause nicht zugestanden wurde. Sie wurde übrigens weit über 90 Jahre alt. Vielleicht erreichte sie gerade deshalb dieses hohe Alter, weil sie ihr Leben lang auf der Regelmäßigkeit einer Jausenpause – sie hat es Gabelfrühstück genannt – bestanden hatte.

»Zum Gabelfrühstück gönn'
ich mir ein Tellerfleisch,
ein Krügerl Bier, oder schieb'
ab und zu ein Gollasch ein.«

Genau diese Art von Jausenbegriff verbindet die Großmutter aus Stockerau mit Arbeitern und Bauern, für die der Ausruf »Es ist Jausenzeit!« ebenfalls gleichbedeutend mit »Die Arbeit wird unterbrochen!« war. Besonders die Vormittagsjause fand und findet zum Teil noch immer pünktlich um 9 Uhr statt und ist noch heute in vielen Berufen die erste Pause nach dreistündiger Arbeit.

Was sich allerdings geändert hat, ist die Jause selbst. Bauern hätten sich seinerzeit niemals Nahrungsmittel zugekauft. Gegessen wurde bis weit in die Hälfte des 20. Jahrhunderts nur das, was man selbst produziert hatte. Hartkäse und Wurst als Handelsware waren daher lange nicht üblich.

Bei Arbeitern hingegen war die »Jausenwurst«, die es heute noch unter diesem Begriff zu kaufen gibt, sehr beliebt. Meistens handelte es sich um eine »Dürre«, eine lange haltbare Kranzwurst. Dazu Brot oder Semmeln, Senf und vielleicht Pfefferoni oder Essiggurkerl. Selbstredend, dass man dafür sein eigenes Jausenmesser brauchte, ein aufklappbares Taschenmesser, mit dem Radl für Radl von der Wurst abgeschnitten wurde. Ich erinnere mich, dass mein Urgroßvater sich immer zuerst eine Scheibe Brot als Unterlage, quasi als Schneidbrett, für die Wurst geschnitten hat. Dann hat er langsam und gemächlich immer je ein kleines Wurststück und ein kleines Stück vom Brot abgeschnitten, beides aufeinandergelegt und so nach und nach alles verzehrt.

DIE JAUSE ALS RITUAL.

Ähnlich, wie mein Urgroßvater es tat, zelebrierte man am Land das Aufschneiden des Jausenspecks. Mit dem Messer wurde beinah andächtig ein Stück vom Speck abgeschnitten, aufgespießt und in aller Ruhe zum Mund geführt. Beim Kauen wurde das Messer nicht aus der Hand gelegt. Es blieb in der rechten Hand, die sich manchmal sogar am Tisch aufstützte, mit der

»A ordentlicha Bua hot an Feitel und a Schnua.«

Messerspitze nach oben. Interessanterweise galt diese Art zu jausnen nur für Männer. Das lag vermutlich daran, dass es reine Männersache war, seinen Feitel – ein einfaches Klappmesser – mit sich zu führen. Jeder Bub hatte früher wie selbstverständlich sein Taschenmesser im Hosensack oder in der eigens dafür vorgesehenen Seitentasche der Lederhose. Man sagte: »A ordentlicha Bua hot an Feitel und a Schnua.« Jetzt könnte man lange über Männlichkeitsrituale reden, doch hier geht es um die Jause. Frauen und Mädchen schnitten sich ihren Speck übrigens auch selbst, aber eben mit dem Küchenmesser.

Häufig wurde zur Jause einfach ein Laib Brot auf den Tisch gelegt, von dem sich jeder selbst abschneiden konnte.

Wenn Besuch kam, galt es als ein Zeichen der Gastfreundschaft, dass der Besucher sich seine Scheibe Brot selbst schneiden durfte. Blamieren konnte sich dabei nur, wer es nicht verstand, den Brotlaib nach alter Sitte mit der linken Hand am Körper zu halten und mit der rechten leicht schräg von unten nach oben zum Körper hin zu schneiden. Zuvor wurde mit dem Daumen ein Kreuzzeichen aufs Brot gemacht.

Ein altes bäuerliches Jausenritual war das gemeinsame Trinken aus einem Krug. Es gehörte zur guten Sitte, Besuchern einen Krug Most hinzustellen. Der typische Schnabelkrug, meist mit Most gefüllt, wurde reihum gereicht und jeder tat einen kräftigen Schluck. Dass das unhygienisch sein könnte, auf die Idee kam niemand. Man meinte, es gab eh die »Bartbremse« an den Mostkrügen, die verhindern sollte, dass ein

Hier wird gejausnet!
Es gibt saure Milch aus der
Schüssel und dazu Brot.

vielleicht nicht ganz sauberer Schnauzbart mit dem Most in Berührung kam. Außerdem: Wenn man die Jause aufs Feld oder zur Heuarbeit hinaustrug, war es viel einfacher, nur den Krug und keine Gläser tragen zu müssen. Im Haus selbst war es ohnedies Brauch, dass alle gemeinsam aus einer Schüssel essen. Warum sollten da nicht auch alle aus einem Krug trinken?

Fast vergessen ist die Sitte des »Fleischmarkierens«. Gab es auf den Bauernhöfen zu Mittag Fleisch, meistens Geselchtes, war jeder gut beraten, einen Teil seiner Portion für die Nachmittagsjause übrig zu lassen. Aß jemand zu Mittag wider Erwarten sein Stück zur Gänze auf, gab es für ihn am Nachmittag nur mehr trockenes Brot. Damit jeder sein Fleisch »wie-

dererkannte«, wurde es markiert. Dafür gab es zwei Möglichkeiten: Entweder wurden Holzstückchen ins Fleisch gesteckt oder es wurde die Schwarte auf bestimmte Art eingeschnitten. Schnitt der Hausknecht seine Schwarte einmal rechts ein, tat es der Rossknecht zweimal. Nahm die eine Magd ein extra langes Hölzel, bevorzugte die andere zwei kurze. So hatte jeder sein eigenes, immer gleichbleibendes Zeichen und konnte meistens darauf vertrauen, dass die anderen sich auch an diese Spielregeln hielten. Dennoch soll es vorgekommen sein, dass hungrige Männer das Fleischstück einer anderen Person, die nicht pünktlich zur Jause erschienen war, einfach aufaßen.

BEI DER JAUSE AM FELD
DURFTE DER MOSTKRUG NICHT FEHLEN.

»BROT UND MOST IST DEM BAUERN SEI' KOST.«

Eine südsteirische Bäuerin erzählte mir, dass im Bauernhaus, in das sie eingeheiratet hatte, nur Brot und Most zur Jause gebräuchlich waren. Als sie einmal Butter dazu reichte, wurde sie von ihrer Schwiegermutter für diese Verschwendung ordentlich geschimpft. Das zeigt, dass die Bauernjausen der alten Zeit oft weit von den heute bekannten Brettljausen mit Geselchtem, Würsteln, Speck, Käse und Eiern entfernt waren.

Zur Vormittagsjause gab es auf den Bauernhöfen früher häufig heiße Erdäpfel mit Sauerkraut, einer sauren Suppe oder Milch. Der Grund dafür war banal. Die Erdäpfel wurden als Saufutter jeden Morgen in einem großen Kessel gekocht und waren gerade zur »Neunerjause« fertig. Ein paar davon kamen auf den Tisch, der Rest wurde zerstampft und ging in den Stall als Mastfutter für die Schweine.

Wenn im Sommer schon im Morgengrauen gemäht wurde, dann war die erste Jause auch gleichzeitig das Frühstück. Den »Mahdern« wurde Brot und Most aufs Feld gebracht. In diesem Fall wurde der Most nicht aus Krügen getrunken, sondern in eine Schüssel geschüttet, in die das Brot in kleinen Stücken eingebrockt wurde. Man ließ es kurz anweichen und löffelte es gemeinsam aus. Manchmal gab es als »Mahderjause« auch die in der heißen Jahreszeit sehr beliebte, erfrischende dicke Sauermilch.

»Zur Vormittagsjause gab es auf den Bauernhöfen früher häufig heiße Erdäpfel mit Sauerkraut, einer sauren Suppe oder Milch.«

Ich habe schon erwähnt, dass auf den Selbstversorgerhöfen das bisschen vorhandene Bargeld nicht für Extravaganzen wie Nahrungsmittel ausgegeben wurde. Trotzdem verstanden es die Bäuerinnen, köstliche Zwischenmahlzeiten anzubieten. Das war auch notwendig, denn was die Versorgung der Dienstboten anging, war man in einem Wettstreit mit anderen Landwirten. Wenn das Essen gar zu karg war, wurde schnell einmal der Hof gewechselt.

»Gekochter Sauermilchkäse wie der würzige Glundner Kas wurde in Gegenden hergestellt, wo die Labkäserei, also die Hartkäseherstellung, nicht üblich war.«

Extra für die Jause wurden deshalb feine Aufstriche wie Topfenkas oder Erdäpfelkas zubereitet. Gekochter Sauermilchkäse wie der würzige Glundner Kas wurde in Gegenden hergestellt, wo die Labkäserei, also die Hartkäseherstellung, nicht üblich war.

In der arbeitsintensiven Sommerzeit fiel auch die Jause deftiger aus und wurde hin und wieder durch Speck, Schmalz und kaltes Geselchtes ergänzt. Derartige Köstlichkeiten waren nicht alltäglich und kamen unter dem Jahr gewöhnlich nur dann auf den Jausentisch, wenn Handwerker oder Besucher im Haus waren.

Richtige Höhepunkte waren die Jausenzeiten aber an den Schlachttagen. Da gab es ein paar Tage lang alles im Überfluss, was mangels Kühlmöglichkeiten schnell verarbeitet werden musste: Geröstete Leber, Beuschelsuppen, Blunzen, Grammeln, saure Nierndln, Hirn mit Ei und Presswurst.

Erdäpfelkas

Erdäpfelkas ist eine traditionelle Spezialität aus Oberösterreich. Tatsächlich ist es gar kein Käse, sondern ein Brotaufstrich aus Erdäpfeln und Sauerrahm. Oft wird der Erdäpfelkas ohne Butter zubereitet, wer aber den Buttergeschmack liebt, sollte ein wenig davon dazugeben. Natürlich kann die Butter auch durch Leinöl ersetzt werden.

Eine Oberösterreicherin: »Wenn zu Mittag Erdäpfel übrig geblieben sind, dann hat's am Nachmittag zur Jause Erdäpfelkas gegeben!«

— Zutaten —

400 g Erdäpfel, mehlig / 2 Zwiebeln / Knoblauch nach Geschmack / 4 EL Butter / ca. 8 EL Sauerrahm / Salz, Pfeffer / Schnittlauch

— Zubereitung —

1. Erdäpfel kochen und nach dem Auskühlen durch die Erdäpfelpresse drücken.
2. Mit den sehr fein gehackten Zwiebeln, dem fein gehackten Knoblauch, der zerlassenen Butter und dem Sauerrahm zu einer streichfähigen Masse verrühren. Mit Salz und Pfeffer abschmecken.
3. Ca. 1 Stunde kühl ziehen lassen und mit Schnittlauch bestreut servieren.

Topfenkas

Je besser der Topfen, desto besser der Topfenkas. Es lohnt sich, den besten Topfen zu nehmen, den man kriegen kann, idealerweise einen guten Bauerntopfen. Ein Topfenkasbrot und dazu ein Glas saure Milch ist eine perfekte Jause, vor allem im Sommer.

250 g Bauern- oder Bröseltopfen / ca. 3 EL Schlagobers / Salz, Pfeffer / Kümmel nach Geschmack, gemahlen / Schnittlauch

1. Topfen mit so viel Schlagobers abrühren, bis die gewünschte cremige Konsistenz erreicht ist.
2. Mit Salz, Pfeffer und Kümmel würzen und mit Schnittlauch garniert servieren.

⚜ TIPP ⚜

Ersetzt man den Kümmel durch gerissenen Kren, erhält man einen würzigen Krentopfen.

Glundner Kas

Glundner Kas, Kochkas, Steirerkas. Dieser würzige Käse hat viele Namen, je nachdem ob er in Kärnten, Oberösterreich oder der Steiermark hergestellt wird. Grundprodukt ist Topfen, der im Warmen stehen gelassen wird, bis er stechend riecht. Danach wird er »gelunden«. Das Wort leitet sich vom bayrischen »linden« ab, was so viel wie »rösten« heißt. Nach dem Abkühlen wird der Käse in Scheiben geschnitten serviert. Schmeckt ausgezeichnet zu frischem Bauernbrot mit Butter.

Zutaten

1 kg Bröseltopfen / 10 g Salz, Pfeffer / 2 TL Kümmel, ganz / 100 g Butter

Zubereitung

1. Topfen zerbröckeln, ca. 1,5 Zentimeter hoch auf ein Backblech oder in eine breite, flache Schüssel streuen, mit einem Leinentuch zudecken und an einem warmen Ort 2–4 Tage stehen lassen. Dabei den Topfen hin und wieder auflockern. Wenn er glasig ist und stechend riecht, ist er fertig.
2. Salzen, pfeffern und mit Kümmel würzen.
3. Butter in einer Pfanne erhitzen und die Topfenmasse hinzufügen. Bei schwacher Hitze und unter ständigem Rühren die Masse zum Schmelzen bringen. Es entsteht eine zähe, zusammenhängende Käsemasse.
4. In eine Schüssel geben und kühl stellen. Sobald der Käse fest wird, kann er gestürzt und aufgeschnitten werden.

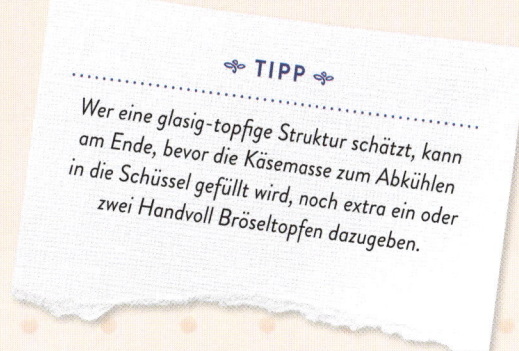

❧ TIPP ❧

Wer eine glasig-topfige Struktur schätzt, kann am Ende, bevor die Käsemasse zum Abkühlen in die Schüssel gefüllt wird, noch extra ein oder zwei Handvoll Bröseltopfen dazugeben.

Feine Haussulz

Diese Sulz ist ein perfektes Gabelfrühstück. Es entspricht der Sulz der Stockerauer Großmutter, von der im Text die Rede ist. Anders als Bauernsulz, die auch Schwarten und fettes Fleisch vom Kopf und den Haxen enthält, ist dieses Rezept die feinere Variante. Schwarten werden nur zum Gelieren verwendet, mageres Fleisch ist die Einlage.

Für jene, die noch nie Sulz gemacht haben: Es geht darum, eine Suppe zu erzeugen, die geliert. Das erreicht man entweder durch Zugabe von Blattgelatine oder indem man Schwarten, Haxen oder Ähnliches lang genug kocht, sodass sich Gelatine freisetzt. Diese gelierfähige Flüssigkeit gießt man über Fleischstücke oder Gemüse, lässt alles erkalten und fest werden. Das Grundrezept stammt aus »Die steirische Küche« von Willi Haider und Christoph Wagner.

Zutaten

Mit Schwarten: 1½ – 2 kg Schweineschwarten / Wurzelgemüse / 4–5 l Wasser

Oder mit Gelatine: 500 ml kräftige, gut gewürzte Suppe / ca. 14 Blatt Gelatine

Für die Einlage: 750 g mageres, sehr weich gekochtes Rindfleisch (Schulter, Beinfleisch o. Ä.) oder mageres Bauchfleisch vom Schwein

Zubereitung

1. Entweder Schweineschwarten mit Wurzelgemüse und Wasser bedeckt ca. 2–3 Stunden auskochen, abseihen und auf 500 ml Flüssigkeit einkochen oder eine kräftige, gut gewürzte Suppe mit eingeweichter und ausgedrückter Gelatine verkochen.

2. Das weich gekochte Fleisch klein würfelig schneiden, in die Suppe geben und nochmals abschmecken.

3. Eine Kastenform, Schüssel oder Portionsförmchen mit Öl ausstreichen. Falls man die Sulz später stürzen will, auch mit Klarsichtfolie auslegen. Die Sulz einfüllen und mehrere Stunden kaltstellen.

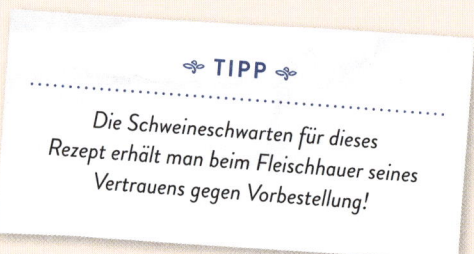

❧ TIPP ❧

Die Schweineschwarten für dieses Rezept erhält man beim Fleischhauer seines Vertrauens gegen Vorbestellung!

Gabelbissen im Glas

Gabelbissen sind Kult. Generationen haben den kleinen Imbiss als Jause aus dem Plastikschüsserl geschätzt. Bereits seit den 1930er-Jahren wird diese österreichische Spezialität von zwei Firmen als Fertigware verkauft. Vor Kurzem hat auch die Gastronomie die Alt-Wiener Köstlichkeit für sich entdeckt und überrascht mit neuen, feinen Kreationen. In den traditionellen Wiener Kaffeehäusern ist der Gabelbissen ohnedies nie ganz von der Speisekarte verschwunden. Obwohl es keine große Kunst ist, werden Gabelbissen kaum noch selbst gemacht. Man sollte sich aber auf jeden Fall die Mühe machen und die Mayonnaise frisch zubereiten. Man schmeckt den Unterschied!

Zutaten

Für die Basis: 160 g Karotten / 80 g Erbsen / 40 g Essiggurken / 1 EL Crème fraîche / 1–2 EL Essiggurkenwasser

Für die Mayonnaise: 2 Eigelb / 1 TL Senf / 1 EL Weißweinessig / ein paar Spritzer Zitronensaft / 200 ml Sonnenblumenöl / Salz, Pfeffer

Als Hauptzutat zur Auswahl: entweder 2–4 nicht zu dünn geschnittene Schinkenscheiben (je nach Größe halbiert oder im Ganzen) / 1–2 hart gekochte Eier / 1 sauer eingelegter Hering / oder 1 Räucherfisch

Für das Aspik: 200 ml Rindsuppe / 3 Blatt Gelatine

Zubereitung

1. Von den Karotten 4 Scheiben abschneiden, den Rest kleinwürfelig schneiden und bissfest kochen. Gegen Ende der Garzeit die Erbsen hinzufügen.

2. 4 Scheiben von den Essiggurken abschneiden, den Rest kleinwürfelig schneiden. Die Karottenscheiben beiseitelegen.

3. Die Mayonnaise zubereiten: Eidotter in einen schmalen hohen Becher geben, Senf, Weißweinessig, Zitronensaft, Sonnenblumenöl, Salz und Pfeffer hinzufügen. Mit dem Pürierstab kurz verquirlen, bis eine dicke Konsistenz erreicht ist.

4. Gemüsewürfel mit Mayonnaise und Crème fraîche vermischen. Mit Salz und Essiggurkenwasser abschmecken.

5. Aspik zubereiten: Gelatine 5 Minuten in kaltem Wasser einweichen, gut ausgedrückt in die warme Rindsuppe rühren.

6. Nun 4 Gläser befüllen: Zuerst die Gemüsemayonnaise. Darauf je nach Geschmack, Fisch, Ei oder Schinken sowie die Essiggurkenscheiben und die gekochten Karottenscheiben.

7. Die lauwarme Suppe auf die Gläser verteilen und zum Gelieren über Nacht in den Kühlschrank stellen.

Essen, wenn es zeitig ist

Saisonal kochen ist etwas, worum wir
uns heute extra bemühen müssen.
Früher war es eine Selbstverständlichkeit.
Verkocht und gegessen wurde nur,
was gerade zeitig, also reif war.

EINE SZENE AUS
EINEM OBERSTEIRISCHEN DORF
IN DEN 1940ER-JAHREN

Ein paar Buben sind auf dem Schulweg. Es ist Herbst und in den Gärten steht das Obst knapp vor der Ernte. Jeden Tag kommen die Kinder an einem Birnbaum vorbei, der nah an der Straße, direkt bei einem hohen Zaun steht: »Da waren so gute Birnen! Zum Teil sind sie schon auf die Straße gefallen und zum Teil hinter den Zaun. Die auf der Straße waren zwar matschig, aber die im Garten unversehrt.« Eines Morgens stehen mehrere Kinder vor dem Zaun und blicken sehnsuchtsvoll zu den guten Birnen hinüber. Da bemerken sie »zufällig«, dass der Zaun schon sehr morsch ist. Sie lehnen sich gemeinsam an und wirklich – der Zaun fällt praktisch von allein um. Nun ist ein Stück zum Garten hin offen, sie springen hinein und jeder nimmt sich schnell ein paar Birnen als Schuljause mit.

Die Besitzerin aber hat alles vom Fenster aus beobachtet und meldet den Vorfall unverzüglich dem Lehrer. Dieser stellt die Kinder sofort vor der ganzen Klasse zur Rede, ermahnt sie und hält ihnen eine lange Predigt. Dennoch, die Birnen dürfen sie dieses eine Mal ausnahmsweise behalten. Ein Altbauer, einer der Knaben von einst, zieht daraus seine Schlüsse: »Heute liegen die Birnen auf der Wiese und kein Kind bückt sich mehr danach. Sie verfaulen genauso wie die Äpfel, die keiner mehr aufhebt. Und wir sind so scharf darauf gewesen, weil die Birnen süß waren und fremde

Birnen sowieso immer besser geschmeckt haben als die eigenen.« Treue Leser werden diese Geschichte vielleicht schon kennen, aber sie ist so bemerkenswert, dass sie nochmals erzählt werden musste.

Wir sind verwundert, dass sich diese Kinder über Birnen so freuen konnten, als wären sie eine Süßigkeit. Genau das waren sie für die Buben tatsächlich. Es waren Bauernkinder, die nicht an Zucker gewöhnt waren, die kaum je Süßes zu essen bekamen und die daher gierig auf Obst waren.

Alles hat seine Zeit
und seinen Zeitpunkt.

Die Kinder haben sich auch deshalb so über die Birnen gefreut, weil sie »seltsam« waren, wie man früher sagte. Das heißt, es gab sie selten, eben nur dann, wenn sie reif waren. Das Gleiche galt für jedes Obst, für grünen Salat und alle nicht lagerfähigen Gemüsesorten. Sie waren nicht immer verfügbar und deshalb war die Freude – und der Genuss – umso größer, wenn die Produkte Saison hatten.

Dazu wieder eine Geschichte. Ein Salzburger, 1922 geboren, wuchs mit sechs Geschwistern auf. Sie stammten nicht von einer Bauernfamilie ab, sondern der Vater war Zimmermann. Allerdings besaßen sie genug Grund, um im Garten auch etwas damals so Luxuriöses wie Erdbeeren anzubauen. Waren die Erdbeeren reif, durfte er als Ältester ernten. Er musste alle Früchte Stück für Stück in einen Korb legen und durfte keine einzige nebenbei essen. Der Vater beobachtete ihn dabei hin und wieder vom Fenster aus. Und tatsächlich: »Einmal hab ich eine probiert, da hat er schon heruntergerufen und mit mir geschimpft.« Später wog der Vater die gesamte Ernte ab und teilte sie exakt in sieben gleiche Teile auf. Es war ihm wichtig, dass jedes seiner Kinder gleich viel bekam.

WANN GIBT ES DEN ERSTEN SALAT?

Wir verstehen diese Frage heute gar nicht mehr. Nicht nur grüner Salat, auch jede Art von Früchten und Gemüse ist in den Supermärkten das ganze Jahr über verfügbar. Früher hätte man die Frage anders gestellt: Wann ist der Salat zeitig? Das schöne alte Wort »zeitig« bedeutet so viel wie »reif zur Ernte«. Es leitet sich vom mittelhochdeutschen Begriff »zitig« ab, der nicht nur »reif«, sondern auch »zur rechten Zeit geschehend« meint. Der richtige Zeitpunkt war früher eine wichtige Sache. Wann soll gesät, wann angepflanzt, wann geerntet werden? Nur mit viel Erfahrung und durch sorgfältige Beobachtung konnte im Einklang mit der Natur eine solche Entscheidung getroffen werden. Etwa: Wann soll das Holz geschlagen werden? Wählte man dafür den falschen Zeitpunkt, blieb das Holz feucht und war unbrauchbar.

Wer zeitig ernten will, muss wissen, wie er die Erträge richtig lagert oder haltbar macht.

Dieses Prinzip des rechten Zeitpunkts ist nach und nach vom optimalen Zeitpunkt abgelöst worden. Der feine Unterschied liegt darin, dass der optimale Zeitpunkt aktiv mitgestaltet werden kann. Dies bedeutet für den Salat: Geerntet wird das ganze Jahr über. In beheizbaren Folientunneln spielt es keine Rolle, ob gerade Mai oder Dezember ist. In diesem Zusammenhang passt es sehr gut, sich daran zu erinnern, dass der Wortstamm von »zeitig« heute nur mehr im Begriff »etwas geschieht zur Unzeit« gebräuchlich ist. Dies bedeutet gemäß dem Duden »zu einem Zeitpunkt, der nicht recht passt« – besser kann man nicht beschreiben, was sich zur »Unzeit« alles in den Supermarktregalen befindet. Verantwortlich dafür sind wir alle, die wir zum Beispiel das ganze Jahr über Himbeeren und Heidelbeeren essen wollen, wie es momentan der Trend ist.

Wer hingegen zeitig ernten will, muss wissen, wie er die Erträge richtig lagert oder haltbar macht. Damit Zwiebeln nicht verfaulen, wurden sie früher im Freien gründlich getrocknet, ehe sie im Haus aufbewahrt wurden. Walnüsse hingegen wurden auf den Dachböden zur Trocknung aufgelegt und bei Bedarf im Laufe des Winters von dort geholt.

Eine uralte Art, Wurzelgemüse einzulagern, ist die Erdmiete. Das Gemüse wird nicht konserviert, sondern frisch gehalten. Dafür wird entweder außerhalb des Hauses ein Erdkeller angelegt oder schon beim Bauen des Hauses ein Gemüsekeller vorgesehen. In diesem wurde ein Streifen Erde nicht zugemauert beziehungsweise betoniert. In die Erde wurden Karotten, Petersilienwurzeln, Sellerie und Rüben »eingeschlagen«, das heißt ins Erdreich gesteckt. Im Herbst wurde so auch der letzte Endiviensalat für weitere Monate frisch gehalten. Noch heute sieht man diese Art der Lagerkeller in alten Siedlungshäusern, die oft nur kleine Gärten hatten.

Versetzen wir uns in folgende Situation: Es ist Anfang März und wir haben schon seit vielen Wochen kein grünes Salatblatt mehr gesehen. Die eingelagerten Sorten wie Zuckerhut und Endivie haben im Erdkeller bis Jänner gereicht. Der Hunger nach ein bisschen Blattgrün ist so groß, dass wir sogar von den ausgetriebenen Rüben im Keller ein paar Blätter abzwicken und sie unter den Erdäpfelsalat mischen. Bis der erste Salat im Garten geerntet werden kann, vergehen noch Monate. Aber nach der Schneeschmelze ist es so weit: an den Bachufern wächst die Brunnenkresse. Das erste Grün nach vielen Monaten! Die zarten würzig-scharfen Blätter schmecken unvergleichlich gut.

All das ist nicht erfunden, sondern wurde von einer älteren Dame genauso erlebt und empfunden. So wie sich die Kinder über die Birnen gefreut haben, hat sie sich über die ersten grünen Blätter gefreut. Was kann das für uns bedeuten? Alles hat seine Zeit

Alles hat seine Zeit und seinen Zeitpunkt: die Kirschen, die Himbeeren, die Erdbeeren, die Erbsen, der Salat. Wenn wir die Geduld aufbringen und erwarten können, bis etwas zeitig ist, dann schmeckt's einfach besser!

und seinen Zeitpunkt: die Kirschen, die Himbeeren, die Erdbeeren, die Erbsen, der Salat. Wenn wir die Geduld aufbringen und erwarten können, bis etwas zeitig ist, dann schmeckt's einfach besser!

Auch die Vorratshaltung war früher eng an die Zeit der Ernte im eigenen Garten gekoppelt. Gemüse und Obst wurde so vom Frühsommer bis in den Herbst hinein nach und nach eingekocht. Von den Erdbeeren im Juni, den Fisolen im Juli bis zu den letzten Zwetschgen im Spätsommer wurde alles, was gerade zeitig war, in Gläsern haltbar gemacht. Eingesalzen wurde auch: besonders fein lassen sich so Suppengemüse und Gewürzkräuter konservieren. Zwei bewährte Rezepte gibt's anschließend zum Ausprobieren.

Selbst gemachte Suppenwürze

Das volle Aroma bewahren Wurzelgemüse und Suppengrün, wenn man sie noch frisch fein schneidet und in Salz konserviert. So entsteht eine Paste, die ein hervorragendes Würzmittel für Suppen und Soßen ist. Das Beste: Die Suppenwürze kommt ganz ohne Geschmacksverstärker, chemische Zusatzstoffe und künstliche Aromen aus.

Ich durfte die feine Würze in einer ihrer Suppenkreationen kosten, die mir von der Stanzer Bäuerin Ella kredenzt wurde. Köstlich!

Zutaten

½ Sellerieknolle / 5–7 Karotten / 1 Petersilienwurzel / 1 Zwiebel / 1 Bund Petersilie / 1–2 Stängel Selleriekraut / 1–2 Stängel Liebstöckelkraut (Maggiekraut) / Salz

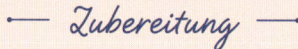

Zubereitung

1. Sellerieknolle, Karotten, Petersilienwurzel und Zwiebel schälen und in der Küchenmaschine fein zerkleinern. Die Kräuter dazugeben und nochmals und kurz mixen.

2. Salz beifügen und alles gut durchmischen.

3. In saubere, gut verschließbare Schraubgläser füllen. Kühl und dunkel gelagert mindestens ein Jahr lang haltbar.

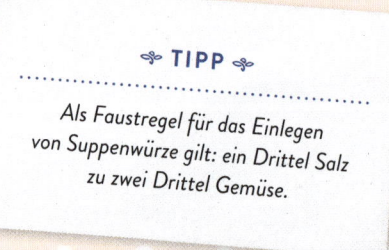

❧ TIPP ❧

Als Faustregel für das Einlegen von Suppenwürze gilt: ein Drittel Salz zu zwei Drittel Gemüse.

Wildkräutersalz

Eine kräuterkundige Frau aus dem Murtal hat mir vor vielen Jahren dieses Rezept anvertraut. Ich habe damals an einem Buch über altes Heilwissen gearbeitet und lauschte ehrfürchtig dem, was sie und ihre leider schon verstorbene Mutter mir erzählten.

Dieses Kräutersalz mag nun kein Heilmittel an sich sein, es schmeckt aber einfach sehr gut. Ob aufs Butterbrot oder auf die gerösteten Erdäpfel – das Wildkräutersalz gibt allem eine spezielle Note. Die Zutaten dafür werden übers Jahr hinweg gesammelt – so lernt man ganz nebenbei, wann welches Kraut »zeitig« ist.

— Zubereitung —

»Schon im Frühjahr sammle ich die ersten Kräuter für mein Wildkräutersalz: Brennnessel, Gundelrebe, Spitzwegerich, Giersch, den nennt man auch noch Ziegenfuß oder Geißfuß, dann Schafgarbe und Löwenzahn. Das sind die Kräuter, die ich bis Mai gesammelt habe.

Von den Küchenkräutern gebe ich dann noch Ysop, Majoran und Liebstöckel dazu. Schnittlauch und Petersilie nehme ich aber nicht, denn beide eignen sich überhaupt nicht zum Trocknen. Vor allem der Schnittlauch verliert dabei den ganzen Geschmack.

Bärentatze oder Bärenklau kommt auch noch dazu, das ist das steirische Viagra, sagt man. Den ganzen Sommer über kann man noch Brennnessel oder Gundelrebe holen. Ich halte viel davon, dass ich nur das verwende, was bei uns in der Umgebung wächst. Das passt für uns. So halte ich es auch bei den Heilkräutern. Für jedes Leiden findet man bestimmt etwas bei den heimischen Kräutern.

Für das Kräutersalz kann man im Prinzip jedes Kraut nehmen, alles was so »umawachst«, zum Beispiel Stiefmütterchen, Labkraut, Gänseblümchen, Hirtentäschel und andere. Aber bitte nur das nehmen, was man auch eindeutig erkennt! Bis in den Herbst hinein kann man sammeln, was gerade wächst, so lange, bis der Reif einen Schlussstrich zieht.

Die Kräuter trockne ich in einem Dörrgerät bei maximal 40 Grad. Es ist sehr wichtig, dass die Kräuter nicht zu heiß getrocknet werden, sonst verlieren sie ihre schöne grüne Farbe und werden blass und braun. Dann wird alles gut mit der Hand verrieben und kommt mit dem Salz – die Menge gebe ich nach Gefühl dazu – in die Küchenmaschine.

Wenn ich dieses Kräutersalz über den Salat gebe, hab ich die Energie, die ich brauche!«

Als das Sauerkraut noch eine Vorspeise war

Ein paar Bissen Sauerkraut vor dem
Essen war lange auf den Bauernhöfen Brauch.
Sie stillten den ersten Hunger und
waren als Vitamin-C-Spender im Winter
fast ein Heilmittel.

ÜBER DIE WITWE BOLTE
HEISST ES BEI WILHELM BUSCH,

dass sie in ihrem Keller einen Bottich mit Sauerkraut stehen hat. Gerade als sie mit einem Teller geht, um sich »vom Sauerkohle eine Portion« zu holen, hecken Max und Moritz den zweiten Streich aus. Will man die Geschichte weiterspinnen, kann man wohl davon ausgehen, dass die Witwe Bolte einen Garten besitzt, in dem sie Weißkraut, Weißkohl wie die Deutschen sagen, anbaut. Auch ihr Sauerkraut wird sie wohl selbst herstellen.

Somit passt sie gut in die Kulturgeschichte dieses vergorenen Krautes: Über Jahrhunderte hat jeder, der einen größeren Garten oder einen Krautacker besaß, Sauerkraut hergestellt. In Kärnten sagte man: »A nuze Bäuerin hat an nuz'n Krautgart'n«, was so viel heißt wie »eine fleißige Bäuerin hat einen guten, ertragreichen Krautgarten«.

Wie bei Witwe Bolte steht das Krautfass immer im Keller. Auf einem Mühlviertler Bauernhof wurde täglich Sauerkraut aus dem Keller geholt und – wenn es zu sauer war – vor dem Verzehr gewaschen. Auf der obersten Kellerstiege stand nun in diesem Haus Tag für Tag eine Schüssel mit gewaschenem rohen Kraut und jedes Mal, wenn die Bäuerin daran vorbeiging, »naschte« sie eine Handvoll davon.

Das »Maul voll« Sauerkraut, also eine kleine Portion, war eine beliebte Vorspeise zu Mittag.

Ein solches »Voressen«, auch »Vorricht« genannt, war auf den Bauernhöfen noch bis vor wenigen Jahr-

zehnten Standard. Es sollte den ersten Appetit stillen, bevor das Hauptgericht aufgetragen wurde. Man darf nicht vergessen, dass oft eine große Schar Dienstboten hungrig zum Mittagstisch kam, die ohne Vorspeise allzu viel von der Hauptmahlzeit gegessen hätte.

Erst sehr spät, auf manchen Höfen erst in den 1970er-Jahren, wurde das Kraut als Vorspeise von der »neuen Mode« der klaren Suppen mit Einlage verdrängt. Suppen, allerdings nur als Milchsuppen oder saure Suppen, kannte man bis dahin nur als Frühstücks- oder Abendmahlzeit.

Bis dahin bestand das »Voressen« aus Sauerkraut oder (seltener) auch aus Weißkraut in irgendeiner Form. Roh oder gekocht wurde das Kraut in einer großen Schüssel serviert, aus der sich jeder bedienen konnte. Dazu gab es gekochte, geschälte Erdäpfel, ebenfalls in einer Schüssel. Ein älterer Mann erinnert sich: »Den Erdäpfel hast du in der Hand gehalten und davon abgebissen. Dazu immer wieder einmal eine Gabel voll Kraut.«

Die Erdäpfel wurden übrigens ohne Salz serviert. Die Menschen waren nicht an viel Salz gewöhnt,

Das »Maul voll« Sauerkraut, also eine kleine Portion, war eine beliebte Vorspeise zu Mittag.

also schmeckte das Essen auch so. Forscher der Universitäten Melbourne und Durham fanden heraus, dass unser Gehirn auf Salz genauso reagiert wie auf eine Droge: beides aktiviert das Belohnungszentrum. Essen wir salzarm, haben wir zudem auch gar kein Bedürfnis nach stark gewürzten Speisen. Die wenig gesalzene und eher schwach gewürzte alte Bauernkost war also viel gesünder, als man denkt.

AUF EINEM BAUERNHOF IN SCHLIERBACH SAH DER SPEISEZETTEL VOR 200 JAHREN

laut dem Historiker Roman Sandgruber folgendermaßen aus: Am Montag gab es saures Kraut und Mehlknödel, halb aus Weizen- und halb aus Gerstenmehl, dienstags und freitags saures Kraut und Germschober (Germteigkuchen), am Mittwoch saures Kraut und abgeschmalzene Nocken, am Donnerstag saures Kraut und danach gebackenen Säuerling (Topfensterz), am Samstag saures Kraut und danach Grießkoch. Selbst abends gab es alle Dienstage, Donnerstage und Samstage saures Kraut als »Voressen«, danach Schmalzkoch, an den übrigen Tagen saures Kraut und danach eine süße Milch als Nachsuppe. Sogar an den Sonn- und Feiertagen gab es Sauerkraut, allerdings als Beilage zu geselchtem Fleisch.

Kein Tag verging ohne Kraut. Das hielt sich auf vielen Bauernhöfen noch bis vor wenigen Jahrzehnten. Ich habe meine Gesprächspartner oft gefragt, wie man es aushält, Tag für Tag das Gleiche zu essen. Hier eine Antwort aus Oberösterreich, die genauso gut für alle gelten kann: »Mit dem Kraut ist es wie mit einem guten Brot. Das kann man immer essen und das schmeckt einem auch immer.« Das bestätigt auch der steirische Dichter Peter Rosegger, der vom Kraut sagte, dass »man seiner nie überdrüssig wird«.

Der Grund für das tägliche Sauerkrautessen war ein profaner: Kein anderes Gemüse, außer vielleicht die sauer vergorenen Rüben, war Sommer und Winter stets verfügbar. Man konnte Kraut in großen Mengen anbauen und entweder als Sauerkraut oder in Erdgruben konserviert als Grubenkraut verwenden.

Das mild-säuerlich schmeckende Grubenkraut verdankte seine Haltbarkeit wie das Sauerkraut der Milchsäuregärung. Jedoch wurde es völlig ohne die Zugabe von Salz hergestellt. Im Herbst überbrühte man die ganzen Krautköpfe in einem Kessel im Freien über offenem Feuer und legte sie anschließend einige Stunden in die Sonne, damit sie ausbleichten. Dabei verloren die grünen Blätter ihre Farbe und wurden weiß. Danach wurden die Krautköpfe einzeln mit dem Strunk nach oben in eine mit Stroh ausgekleidete drei bis vier Meter tiefe Erdgrube geschlichtet. Die Grube dichtete man oben mit Stroh und Brettern ab und beschwerte sie mit Steinen. Dieses Kraut hielt sich mehrere Jahre und schmeckte weniger säuerlich als das früher mitunter doch sehr saure Bottichsauerkraut.

Heute gibt es wieder vereinzelt engagierte Landwirte, die Grubenkraut erzeugen, und sich dieser alten, fast vergessenen Konservierungsmethode angenommen haben. Das Kraut aus der Grube wird mittlerweile als Delikatesse in ausgewählten Feinkostläden, zum Beispiel am Graben in Wien, verkauft. Die wichtigsten Produzenten, eine Familie in den Fischbacher Alpen, haben herausgefunden, dass sich

»Mit dem Kraut ist es wie mit einem guten Brot. Das kann man immer essen und das schmeckt einem auch immer.«

nur alte, samenfeste Bauernsorten für Grubenkraut eignen. Moderne Hybridsorten faulen zu schnell und sind daher selten so lange haltbar.

Viel weniger Arbeit machte die Herstellung von herkömmlichem Fass-Sauerkraut. Und ja, es stimmt, früher wurde das Kraut mit den Füßen getreten – mit den gewaschenen Füßen wohlgemerkt. Oft stellte man Kinder ins Fass, die dann Lage um Lage des Krautes feststampften, bis Flüssigkeit austrat. Dann wurde ein »g'schickts Handerl voll Salz« und etwas Kümmel über das Kraut gestreut, bevor die nächste Lage gehobeltes Kraut dazukam. So ging es eine Zeit lang – immer abwechselnd treten, salzen und nachfüllen –, bis das Fass voll war. Den Abschluss bildeten Krautblätter und ein sauberes Tuch, alles beschwert von Brettern und obenauf einem Stein.

FÜR HILDEGARD VON BINGEN WAR SAUERKRAUT EIN HEILMITTEL

Sie kannte es noch unter dem mittelhochdeutschen Begriff *krut*, mit dem damals alle nährenden und heilenden Pflanzen zusammenfassend bezeichnet wurden. Daraus entwickelte sich sowohl unser Wort für »Kraut« und »Heilkraut« als auch das Gegenteil davon »Unkraut«.

Heute würde Hildegard vielleicht sogar zustimmen, wenn man das Sauerkraut als »Superfood« bezeichnet, als heimisches noch dazu. Damit meint man Nahrungsmittel, die, wissenschaftlich erwiesen, auch Heilmittel sind. Auf Sauerkraut trifft exakt zu, was schon Hippokrates formulierte: »Deine Nahrung soll deine Medizin und deine Medizin soll deine Nahrung sein.«

Früher sagte man »Kommt das Kraut ins Haus, muss der Doktor hinaus«, oder »Kraut vom Kübel hilft

Früher sagte man »Kommt das Kraut ins Haus, muss der Doktor hinaus.«

gegen 99 Übel«. Als wahre Medizin galt die Flüssigkeit, die sich im Krautfass bildet. Sie soll, auf nüchternen Magen getrunken, gegen Magenleiden, Fieber, Husten und Halsschmerzen helfen. Besonders in den Bergen spielte das Sauerkraut im Winter eine wichtige Rolle als Vitamin-C-Lieferant für die Gesundheit der Bewohner. Allerdings, wie man heute weiß, entfaltet es seine volle Wirkung nur, wenn es roh genossen wird, was teilweise beim traditionellen »Voressen« auch der Fall war.

Wurde Sauerkraut mit Knödel oder mit Fleisch aufgetragen, wurde es immer gekocht. Kraut und Schweinsbraten, das ist typische österreichische Bauernkost. Die erste Erwähnung eines solchen »Bauernschmauses« finden wir bereits im Jahr 1270 in der Verserzählung »Meier Helmbrecht«. Der Dichter Wernher beschreibt das Mahl folgendermaßen »ein krut vil kleine gesniten; veizt und mager, in beiden siten, ein guot fleisch lac da bi«. Frei ins Neuhochdeutsche übersetzt heißt das: Es gab klein geschnittenes Kraut, dazu sowohl fettes als auch mageres Fleisch.

Kenner schätzen Sauerkraut als Beilage nicht nur frisch gekocht, sondern ein oder sogar zwei Mal wieder erwärmt. Angeblich soll dadurch der Geschmack noch intensiver werden. Das weiß allerdings schon Witwe Bolte beziehungsweise Wilhelm Busch. Er schreibt über den Sauerkohl: »Wofür sie besonders schwärmt, wenn er wieder aufgewärmt.«

55

Selbst gemachtes Sauerkraut im Gärtopf

Kraut, Salz und ein passender Topf ist alles, was man braucht, um gutes Sauerkraut selbst herzustellen. Den Gärtopf aus Ton bekommt man im Haushaltswarengeschäft oder im Internet.

Früher wurde das Kraut schichtweise im Krautfass mit den bloßen Füßen bearbeitet, bis Flüssigkeit ausgetreten ist. Im kleineren Gärtopf kann man dasselbe gut mit den Fäusten oder mit einem Holzstößel bewirken. Der Sinn dahinter ist, dass Luft entweicht und sich eine Schicht Saft über dem Kraut bildet.

Verwendet man mehr Salz, erhöht dies die Haltbarkeit, es dauert aber länger, bis das Kraut sauer wird und fermentiert. Schwächeres Salzen vermindert die Haltbarkeit, das Kraut ist jedoch schneller essfertig.

Zutaten

4 kg Weißkraut / 60 g Salz /
Kümmel und Wacholderbeeren nach Geschmack, ganz

Zubereitung

1. Äußere Blätter von den Krautköpfen entfernen. Einige ganze Blätter zum Bedecken des Krautes aufheben.
2. Krautköpfe halbieren und die Strünke abschneiden, mit dem Krauthobel oder der Küchenmaschine in feine Streifen hobeln. Salzen und mit Kümmel und Wacholderbeeren würzen.
3. Gärtopf mit siedendem Wasser ausbrühen.
4. Nun wird das Kraut geschichtet: Jede Lage Kraut wird mit der Faust oder mit einem Holzstößel so lange gründlich gestampft, bis Wasser austritt. Den Gärtopf auf diese Art zu 4/5 füllen.
5. Ist alles Kraut eingefüllt, deckt man mit Krautblättern ab und beschwert das Ganze mit dem möglichst sterilen Steingewicht des Gärtopfes. In jedem Fall muss der Saft höher als der Stein stehen.
6. Der Gärtopf hat einen zusätzlichen Rand, in den Wasser eingefüllt wird. So können von außen keine Keime eindringen und Gase trotzdem entweichen. Will man auf Nummer sicher gehen, nimmt man statt Wasser eine starke Salzlake, so können sich hier auf keinen Fall Bakterien bilden.
7. Den Gärtopf 6–8 Tage bei Zimmertemperatur und weitere 6 Wochen im Kühlen stehen lassen.

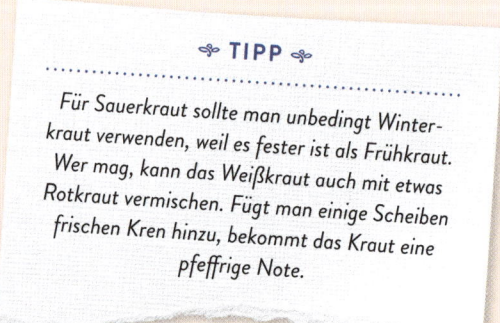

❧ TIPP ❧

Für Sauerkraut sollte man unbedingt Winterkraut verwenden, weil es fester ist als Frühkraut. Wer mag, kann das Weißkraut auch mit etwas Rotkraut vermischen. Fügt man einige Scheiben frischen Kren hinzu, bekommt das Kraut eine pfeffrige Note.

EIN ALTER KRAUTHOBEL AUS HOLZ,
VERZIERT MIT RELIGIÖSEN SCHNITZEREIEN.

Die Selbstversorger

Wer heute sein Gemüse selbst anbaut, will gesünder leben
und sich nachhaltig ernähren. Die Kleingärtner und Hausbesitzer
bis in die 1970er-Jahre taten dies in erster Linie, um Geld zu sparen.
Viele hielten auch Hühner und sogar Kaninchen.
Nur die Schweinehälften waren gekauft, dafür waren die
Würste und das Geselchte hausgemacht.

DER MANN AUF YOUTUBE
ERKLÄRT, WIE'S GEHT

Ralf Roesberger baut auf 2.000 m² Gemüse und einige Getreideprodukte für seine vierköpfige Familie an, hat zahlreiche Obstbäume, hält Hühner und Kaninchen und züchtet Bienen. Er wohnt in einem kleinen Dorf zwischen Köln und Düsseldorf und versucht auf seinem Grundstück so viele Nahrungsmittel zu produzieren, dass er seine Familie theoretisch davon ernähren könnte. Er kauft nur ein, was er selbst nicht anbauen kann: Milch- und einige Getreideprodukte, Nudeln, Öl und dergleichen. Ein Jahr lang hat er seine gesamte Ernte gewogen, es waren etwa 1,3 Tonnen. Hätte er all diese Produkte im Bio-Supermarkt gekauft, hätte ihn das ungefähr 7.500 Euro gekostet, also vergleichsweise wenig. Ums Geldsparen kann es ihm also nicht gehen, vor allem, wenn er noch seine Arbeitszeit dazurechnet. Das ist wohl auch seinen Fans auf YouTube klar, also jenen Leuten, die seine Videos abonniert haben. Dennoch erreichen Roesbergers beliebteste Videos eine halbe Million Zuseher. Sie alle träumen wohl weniger von der Möglichkeit, sich durch Gemüseanbau Geld zu sparen, als von einem freien und autarken Leben mit gesunder Ernährung. Genau das ist es, was Selbstversorgung heute bedeutet. Es ist ein Gegenentwurf zu einem von außen bestimmten Leben und eine Suche nach Freiheit und Unabhängigkeit.

Wer seine Karotten selbst zieht und seine Kräuter frisch im eigenen Garten pflückt, mag zwar dafür – rechnet man auch die Arbeitszeit – unterm Strich mehr Geld investieren, als wenn er beim Diskonter kaufen würde, aber so lebt es sich ökologischer, gesünder und nachhaltiger.

Die finanzielle Ersparnis war hingegen bis in die 1970er-Jahre der Hauptgrund für Kleingärtner und viele Einfamilienhausbesitzer, sich die Mühe eines großen Gartens anzutun. Siedlungs- und Kleingartenvereine wurden in den Nachkriegszeiten vor allem zu dem Zweck gegründet, den Familien Nahrungsmittelsicherheit zu geben. Was gekocht und gegessen wurde, sollte zum Großteil vom eigenen Grund und Boden stammen. Große Rasenflächen wie heute gab es in diesen Gärten nicht. Jedes Fleckerl Erde wurde bepflanzt.

Zu einem typischen Siedlungsgarten gehörte unbedingt ein Hühnerstall und manchmal auch ein Ka-

Genau das ist es, was Selbstversorgung heute bedeutet. Es ist ein Gegenentwurf zu einem von außen bestimmten Leben und eine Suche nach Freiheit und Unabhängigkeit.

ninchenverschlag. Kaninchen, die man der Einfachheit wegen als Hasen bezeichnete, waren aber eher selten, vielleicht weil an ihnen der Geruch der Armut haftete. Dies kommt daher, dass sich arme Leute am Land früher gerade einmal eine Ziege für die Milch und ein paar »Hasen« für ein bisschen Fleisch halten konnten.

Hühner dagegen waren weit verbreitet. Meistens wurde nur eine kleine Anzahl gehalten, fünf bis zehn Stück, die als Legehühner jahrelang ihren Dienst taten. Mangels eines Hahns wurden frisch geschlüpfte Küken von sogenannten Hühnerfarmen zugekauft und unter Wärmelampen großgezogen. Leider war die Sterblichkeit der piepsenden, flauschigen, gelben »Pipperln« unter diesen Umständen recht groß. Immer wieder mussten tote Küken entfernt werden. Die Überlebenden kamen, wenn sie groß genug waren, zu den restlichen Hühnern. Die meisten von ihnen, einschließlich aller Hähne, landeten nach ein paar Monaten als Back- oder Brathühner auf den Tellern. Nur wenn wieder einmal ein altes Legehuhn als Suppenhuhn endete, rückte eines der jungen Hühner nach.

EINE HALBE SAU AM KÜCHENTISCH

war ein nicht seltener Anblick bis in die 1960er-Jahre. Oft waren es Menschen mit bäuerlichem Hintergrund, die auch in ihren Einfamilienhäusern nicht auf selbst gemachte Würste und Geselchtes verzichten wollten. Beim benachbarten Bauern wurde eine Schweinehälfte im Ganzen gekauft und, meistens in der Küche, selbst zerteilt. Noch am gleichen Tag wurden Bratwürste frisch gemacht und ein schönes Fleischstück als Schweinsbraten beiseitegelegt. Der Rest an Fleisch und Speck wurde geselcht. Noch heute sieht man manchmal eine der alten »Selchen« aus

Holz. Es waren kleine Selchhütten, die am Rande der Grundstücke standen und die meistens nur einmal im Jahr beheizt wurden.

Fast immer wurde in diesen Hütten »heiß geselcht«, das heißt, dass das gepökelte Fleisch in relativ kurzer Zeit bei einer Temperatur von 50–85° C konserviert wurde. Ehrlicherweise muss man dazu sagen, dass meistens zu heiß und zu schnell geräuchert wurde und das Fleisch dadurch trocken und manchmal auch hart wurde. Gegessen wurde es trotzdem. Gesund war das nicht – vor allem, da ein Großteil der Selbst-Selcher fast ausschließlich nur von ihrem eigenen Geselchten lebten und sich selten frisches Fleisch vom Metzger leisteten.

Der große Gemüsegarten hingegen war zwar eine arbeitsintensive, aber sehr gesunde Sache. Angebaut wurden Kraut und mehrere Sorten Erdäpfel in großer Menge, natürlich Suppengemüse, dazu Zwiebel, Knoblauch, Kräuter wie Schnittlauch, Petersilie und Dill und immer auch Erbsen, Paradeiser, Buschbohnen, Gurken und Paprika, selbstverständlich auch zwei oder drei grüne Salatsorten.

Eine ehemalige Siedlungsgärtnerin, die aus Altersgründen schweren Herzens ihren Gemüsegarten zuerst drastisch reduzieren und dann ganz auflassen musste, denkt noch immer mit Wehmut an den Geschmack ihrer Paprika und Paradeiser zurück. Heutige Hybrid-Paprika sind ihrer Meinung nach »leeres Gemüse« im Vergleich zu den aromatischen alten Sorten. Das Gleiche gilt für Paradeiser. Am ehesten, findet sie, gleichen manche der kleinen Cherrytomaten ihren Gartenparadeisern. Außerdem ist es in ihren Augen verdächtig, dass manche der neuen Tomatensorten scheinbar »ewig« halten. Ein paar geschmacklose Exemplare hat sie kürzlich am Misthaufen entsorgt und siehe da: Nach zwei Wochen sahen sie noch immer aus wie frisch geerntet. Kleine Notiz am Rande: Zwei

US-Forscher haben eine Genvariante bei Paradeisern entdeckt, die das verlorene Aroma zurückbringen könnte. Das Ziel sind Gentomaten, die wieder – so wie früher – wirklich nach Tomaten schmecken.

In den Hausgärten baute man neben Sommersalat, etwa dem knackigen Grazer Krauthäuptel, immer auch Endiviensalat an und auf jeden Fall Vogerl- oder Rapunzelsalat. Diese wurden im Herbst angesät, blieb den Winter über stehen und wurde, wenn die Schneedecke schmolz, im Frühjahr gepflückt.

Eine sehr spezielle Sache war der Mohnanbau. Meine Großmutter liebte Mohnmehlspeisen und daher gab es bei uns im Garten auch einen kleinen Bereich, wo Schlafmohn angebaut wurde. Im Herbst saßen meine Oma und ich beieinander, wir öffneten die Mohnkapseln und schütteten die kleinen, angenehm duftenden Samen in ein Leinensäckchen.

In den Hausgärten baute man neben Sommersalat, etwa dem knackigen Grazer Krauthäuptel, immer auch Endiviensalat an und auf jeden Fall Vogerl- oder Rapunzelsalat.

Erst viel später habe ich erfahren, dass es sich beim Schlafmohn auch um ein Rauschmittel handelt. In Deutschland ist der Anbau, sogar wenn es sich nur um eine einzige Pflanze handelt, illegal und verboten. Nicht so in Österreich, wo der Mohnanbau – natürlich nur für Lebensmittelmohn – auf eine lange Tradition bis in die Hallstattzeit zurückblickt.

Zwei Frauen beim »Kraut abhappen« auf einem Acker. Weißkraut wurde so für die Weiterverwertung, etwa zu Sauerkraut, vorbereitet.

Leinölerdäpfel

Bestes Leinöl und gute Erdäpfel sind die Voraussetzung, dass dieses Gericht seinen vollen Geschmack entfalten kann. Am besten kauft man Leinöl in kleinen Mengen, wenn möglich beim Produzenten, denn frisch gepresst schmeckt es am besten. Das goldgelbe würzige Öl hat einen leichten Röstgeschmack und harmoniert perfekt mit den Erdäpfeln, die früher aus dem eigenen Garten oder vom eigenen Erdäpfelacker stammten.
Bitte bei diesem Rezept mit dem Öl nicht sparen! Serviert man dieses Gericht, stellt man die Flasche Öl auf den Tisch, sodass sich jeder noch zusätzlich nach Gusto bedienen kann.

Zutaten

1 kg Erdäpfel, mehlig / 250 ml Milch / 125 ml Sauerrahm / kaltgepresstes, frisches Leinöl nach Geschmack / Salz, Pfeffer

Zubereitung

1. Erdäpfel mit der Schale kochen, schälen und blättrig schneiden.
2. In einer Pfanne die Erdäpfel mit der erhitzten Milch zu einem dicken Brei verrühren.
3. Sauerrahm hinzufügen, salzen, pfeffern. Etwas Leinöl einrühren.
4. Auf Tellern anrichten und nochmals mit Leinöl beträufeln.

Risipisi

Man kann auch Erbsenreis sagen, aber Risipisi klingt so schön retro. Was wir heute als Beilage kennen, war bis in die 1950er- und 1970er-Jahre ein typisches Hauptgericht.

Inspiriert wurde das Gericht vom Erbsenrisotto »Risi e bisi« aus dem Veneto. Auf dem Weg in den Norden wurde daraus Risipisi und aus dem Risotto wurde ein gedünsteter Reis mit frischen Erbsen. Dass sogar der Duden Risipisi als typisch österreichischen Ausdruck für Erbsenreis kennt, zeigt, dass die Alt-Wiener-Küche nicht nur von Böhmen und Ungarn beeinflusst war.

Wer dieses Rezept originalgetreu nachkochen will, sollte unbedingt warten, bis frische Erbsen Saison haben. Zu einem echten Risipisi gehört nämlich auch die Prozedur des Erbsenschälens dazu. Wer keinen eigenen Garten hat, findet die feinen Schoten am Bauernmarkt.

Zutaten

250 g Langkornreis / 50 g Butter / 500 ml Wasser / Salz
½ Zwiebel, im Ganzen / 250 g frische Erbsen

Zubereitung

1. Den Reis in der heißen Butter unter fortwährendem Rühren leicht rösten, bis er durchscheinend ist.
2. Mit Wasser aufgießen, salzen und die halbe geschälte, nicht geschnittene Zwiebel dazugeben.
3. Den Reis auf kleiner Hitze zugedeckt ohne umzurühren ca. 20 Minuten lang dünsten.
4. Die Erbsen währenddessen in Salzwasser kurz kochen. Die Zwiebel entfernen.
5. Erbsen und Reis miteinander vermischen und mit grünem Salat servieren.

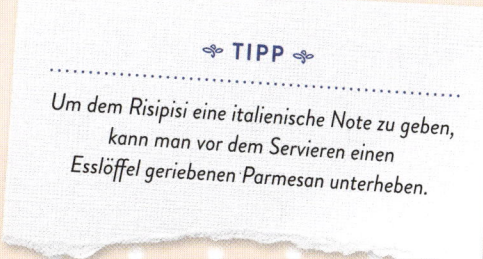

❧ TIPP ❧

Um dem Risipisi eine italienische Note zu geben, kann man vor dem Servieren einen Esslöffel geriebenen Parmesan unterheben.

Vom eigenen Grund und Boden leben

Bis vor etwa 70 Jahren gab es sie noch, die Bauern,
die alles, was sie zum Leben brauchten, selbst erzeugten.
Es war ein Leben fast ohne Geld, bei dem nur
sehr wenige Produkte zugekauft werden mussten.

VÖLLIGE SELBSTVERSORGUNG IST HEUTE UTOPIE

Umso interessanter ist es, einen Blick auf jene Lebensmodelle zu werfen, die es den Menschen ermöglichten, fast alles, was sie an Lebensmitteln und zum Teil auch an Kleidung benötigten, selbst zu erzeugen.

Bauernhöfe waren durch Jahrhunderte hindurch im Wesentlichen autark. Der Soziologe Roland Girtler behauptet sogar, dass der Wandel der bäuerlichen Strukturen in den 60er- und 70er-Jahren des 20. Jahrhunderts seit der Sesshaftwerdung in der Jungsteinzeit einmalig ist. Bis dahin seien die Techniken des Ackerbaus, des Erntens und des Umgangs mit dem Vieh nur graduell geändert worden, bis dahin seien die Bauern tatsächlich noch echte Selbstversorger gewesen.

Ich schätze mich glücklich, dass ich noch mit älteren Bauern, Bäuerinnen und mit ehemaligen Dienstboten Gespräche über diese heute versunkene Welt führen durfte. Jede Scheibe Brot, die Bauern damals aßen, stammte vom selbst angebauten Getreide, das Sauerkraut vom eigenen Krautacker, das Gemüse aus dem Bauerngarten, Schmalz, Speck und Fleisch vom Hausschwein, Milch und Butter von den Rindern und Ziegen, selbst das Futter für die Tiere war auf dem eigenen Grund gewachsen. Sogar das Leinen für Bettwäsche, Hemden und Unterwäsche stammte aus eigenem Anbau. Lange gehörten in Österreich die blau blühenden Flachsfelder zum gewohnten Anblick. Aus dem Flachs oder Lein wurde in mühevoller Arbeit die Leinfaser gewonnen, aus der Weber im Winter die hauseigene Leinwand herstellten.

Der Preis für die Selbstversorgung war harte und mühevolle Arbeit. Autarke Bauernhöfe gab es aus diesem Grund nur, solange billige Arbeitskräfte verfügbar waren. Nicht selten lebten 15 bis 20 Leute auf einem Hof: Bauer und Bäuerin, zahlreiche Kinder, die Altbauern, ledige Onkeln und Tanten, Mägde und Knechte. Besonders arm dran waren die Dienstboten, speziell die Frauen, die auf manchen Bauernhöfen oft gewaltig ausgenützt wurden.

Geld war Mangelware, auch für die Hofbesitzer. Sie besaßen seit der sogenannten Bauernbefreiung von 1848 zwar Grund und Boden, hatten aber wenig Einkommen aus Bargeld. Das Taschengeld der Bäuerin war fast immer nur das »Eiergeld«: Einkünfte aus dem Verkauf von Eiern durfte die Bäuerin exklusiv für sich behalten. Aus diesem Grund wurden Eier in der bäuerlichen Alltagsküche sehr sparsam verwendet.

Ich erinnere mich an ein Gespräch mit einem alten Bauern. Er war auf einem großen, durchaus wohlhabenden Bauernhof aufgewachsen. Dennoch haben er und sein Bruder als Kinder nur einmal im Jahr ein Spiegelei bekommen. Beim jährlichen Besuch des Pfarrers ließ es sich die Mutter nicht nehmen, zur Feier des Tages Spiegeleier zu braten. Der Pfarrer bekam eines, die mitgekommene Pfarrersköchin ebenfalls. Auch der Bub und sein Bruder bekamen ein Ei – allerdings ein Spiegelei für beide gemeinsam! Dazu muss man sagen, dass es für Bauern absolut ungewöhnlich war, Eier so zu »vergeuden«. Spiegeleier waren ein seltener Luxus.

Selbst in der Südsteiermark, wo die Hühnerzucht eine große Rolle spielte, machte man Eier lieber zu barem Geld, als sie selbst zu essen. Hühneraufkäufer, die »Heatrager«, gingen mit ihren Rückentragen von Hof zu Hof und kauften Eier und auch Masthühner. Paradoxerweise wurden in der Region des berühmten steirischen Backhendls vor allem von Kleinlandwirten Hühner selten gegessen, sondern lieber verkauft. Dies führte dazu, dass man sagte: »Ein Hendl kriegt man nur, wenn der Bauer oder das Hendl krank ist.«

66

DAS KOSTBARSTE ALLER LEBENS-MITTEL WAR DAS GETREIDE

und hier in erster Linie der Roggen. Als ich begann, mit Bauern über die alte Zeit zu sprechen, habe ich anfangs nicht verstanden, was sie meinten, wenn sie vom »Korn« redeten. Jedes Getreide, ob Weizen, Roggen, Hafer oder Gerste, besteht schließlich aus Körnern. Aber »Korn« ist für Bauern einzig der Roggen. Als ob es kein anderes Getreidekorn, keine andere Getreidesorte von Bedeutung gäbe, war der Roggen der Inbegriff von Getreide und wurde immer bloß als »Korn«, das Roggenmehl als »Kornmehl« bezeichnet.

Das Besondere am Roggen ist seine Anspruchslosigkeit und Widerstandsfähigkeit, aber vor allem seine Kältetoleranz. Er war als Brotgetreide ein Über-Lebensmittel sowohl für Bergbauern, die ihr Getreide auf über 1000 Metern Seehöhe anbauen mussten, als auch für Bauern in Gegenden wie dem Mühlviertel mit seinen sandigen Böden und seinem rauen Klima.

Heute, in einer Zeit, in der täglich Tonnen an Brot weggeworfen werden, können wir uns kaum mehr vorstellen, welche Bedeutung Brot früher hatte. Es war kein billiges Nahrungsmittel. Jedes Kind wusste, wie viel Arbeit nötig war und auch wie viel Segen es von oben brauchte, bis man endlich einen Laib Brot

in den Händen halten konnte. In einer Familie wurde den Kindern mit einem Gedicht der richtige Umgang mit Brot gelehrt. Zwei Verse daraus: »Wirf das Brot nicht auf die Erde hinab, Brot ist heilig, ist Gottes Gab. Bleibt dir eins übrig und bist du satt, gib es einem anderen, der Hunger hat.«

Ich werde nie vergessen, wie berührt ich war, als mir vor ein paar Jahren ein Oberösterreicher, der seine Jugend auf einem Bauernhof verbracht hatte, vom Wert jedes einzelnen Getreidekorns erzählte. Schon beim Abladen der gebundenen Getreidegarben vom Wagen herrschte größte Sorgfalt. Jede einzelne Garbe wurde in die Hand genommen und sorgfältig im Stadel abgelegt. Später, nach dem Dreschen, musste die Tenne äußerst sorgfältig gekehrt werden. Man sagte, wenn man dabei auch nur ein einziges Korn findet, dann hat sich das Kehren schon ausgezahlt.

Das »Korn« wurde in Säcken zur Mühle gebracht. Die Kleinhäusler kamen mit einem Ziehwagen, die größeren Bauern mit einem Ochsenfuhrwerk. Der größte Teil des zu mahlenden Getreides war Roggenmehl. Weizenmehl war selten, weißes Weizenmehl ohne den dunklen Kleieanteil höchster Luxus. Am Land wurde nur zu besonderen Anlässen mit Weizenmehl gebacken und gekocht. Mit Roggenmehl hingegen wurde nicht nur Brot gebacken, sondern es wurde auch in der Alltagsküche verwendet.

Wer echte, alte, regionale Küche sucht, wird die

Jedes Kind wusste, wie viel Arbeit nötig war und auch wie viel Segen es von oben brauchte, bis man endlich einen Laib Brot in den Händen halten konnte.

Zu Tisch!

Vielfalt an Roggenrezepten entdecken: die roggenen Küachl in Tirol, roggene Steirerkrapfen im Ennstal, roggene Rohrnudeln in Salzburg und in Kärnten und die roggenen Nudeln aller Art in Oberösterreich. Die letzten beiden Köstlichkeiten gibt es als Rezept zum Ausprobieren im Anschluss an dieses Kapitel.

Selbstverständlich wurde Roggen auch für Schmarren, Sterze, Koche, Mus und anderes verwendet. Vereinfacht gesagt, wurde werktags alles mit dem dunklen Roggenmehl oder auch mit Weizenvollkornmehl zubereitet und nur sonntags das hellere Weizenmehl verwendet.

Eine echte Rarität waren Semmeln. Sie mussten gekauft werden und waren somit eine Extraausgabe, die nicht notwendig war. Ein ehemaliger Ministrant erinnert sich, dass es manchmal nach der Frühmesse im Pfarrhaus ein Frühstück mit Semmeln gegeben hatte. Die waren zwar schon vom Vortag, aber das spielte absolut keine Rolle. Sie haben dem Kind hervorragend geschmeckt, vielleicht auch, weil die alten Bäckersemmeln noch nicht mit Fertigteigmischungen, sondern mit frisch gemachtem Teig und von Hand hergestellt worden waren.

»WAS DER BAUER NICHT KENNT, ISST ER NICHT«,

heißt es im Sprichwort. Früher hätte es heißen müssen: »Was der Bauer nicht selbst erzeugt, isst er nicht.« Regelmäßig zugekauft wurden nur Salz, der Kaffee für den Sonntag und ab und zu auch eine kleinere Menge Zucker oder Rosinen und Germ für Kuchen und Mehlspeisen.

Im Sommer und im Herbst waren frische Früchte eine willkommene Abwechslung. Der Bauerngarten lieferte ein paar Kräuter, frischen Salat, Bohnen und Wurzelgemüse. Aber neben tierischen Produkten lebten die Menschen mehr oder weniger von Brot, Kraut, Erdäpfeln und Rüben. Alles, was man im großen Stil auf Äckern anbauen konnte, war geeignet, die zahlreichen Hausbewohner übers ganze Jahr zu ernähren.

Bevor die Erdäpfel sich als Bauernkost durchsetzen konnten, waren Rüben von großer Bedeutung. Noch im Mittelalter war die Herbstrübe oder Krautrübe ein Hauptnahrungsmittel. Sie konnte gut im Erdkeller eingelagert oder wie Sauerkraut geschabt und milchsauer vergoren werden. Der leicht scharfe Geschmack, der ein bisschen an Kren erinnert, machte sie auch, gerieben oder fein aufgeschnitten, zu einem guten, frischen Salat.

Als mir vor einigen Jahren eine Obersteirerin von »Tuschen« erzählte, war ich völlig ratlos. Auch als sie mir erklärte, dass es sich dabei um Rüben handelt, half mir das nicht weiter. Ich kannte die gelbe Kohlrübe, im Volksmund »Tusche« genannt, damals noch nicht. Diese Rübensorte wurde seltener als die schnell wachsende Krautrübe angebaut. Da sie aber weniger Wasser als diese enthält, war sie ein perfektes Lagergemüse für den Winter. Vor allem in Tirol, Salzburg und den angrenzenden Gebieten der Steiermark wurden als Gemüsevorrat für den Winter »Tuschen« angebaut.

Die Kartoffel hingegen galt bei den Bauern lange als ungenießbares »Saufutter«. Die Knolle war zwar schon von Maria Theresia in Österreich eingeführt worden, allerdings wurde sie von der breiten Bevölkerung nie recht akzeptiert.

Erst die Hungerjahre 1816 und 1817 führten zu einer Änderung. In ganz Mitteleuropa regnete es fast pausenlos. Flüsse traten über ihre Ufer, Gewitterstürme und Hagel vernichteten große Teile der Ernte, früher Frost und frühe Schneefälle im Herbst taten ihr Übriges. Die Not war so groß, dass man damals ganze Grundstücke gegen ein paar Laibe Brot eintauschte.

Heute weiß man, dass 1816 auf der Sonne enorme Stürme tobten, die auch Auswirkung auf die Oberflächentemperatur auf der Erde hatten. Gleichzeitig war 1815 der Vulkan Tambora in Indonesien ausgebrochen. Ein gewaltiger Aschenmantel breitete sich in der Erdatmosphäre aus und ließ in der Folge die Temperatur weltweit um weitere 1,5 Grad Celsius absinken. Beide Naturphänomene zusammen waren der Grund, dass 1817 weltweit das »Jahr ohne Sommer« genannt wird.

Brot vom Getreide, das auf dem eigenen Grund und Boden gewachsen ist, wird in den Ofen geschoben.

Aus dieser Notsituation heraus wurde der Anbau der Erdäpfel von der Obrigkeit stark unterstützt. In den Notstandsgebieten der Obersteiermark verteilte Erzherzog Johann persönlich Erdäpfel an die Bauern. Er ließ bessere Sorten importieren und stellte das Saatgut für den Erdäpfelanbau kostenlos zur Verfügung. Nicht nur in der Steiermark, in ganz Österreich musste sehr viel Überzeugungsarbeit geleistet werden. Vereinzelt herrschte noch die alte Furcht, dass Erdäpfel giftig seien. Selbst wenn sie genießbar wären, dann nur für Tiere, so dachte man. Ein Kärntner Chronist schreibt, dass die Menschen erst durch die Hungerjahre überzeugt werden konnten, »dass Gott die Erdäpfel nicht bloß für Schweine, sondern wohl auch für Menschen« erschaffen habe.

Auf vielen ehemaligen Rübenäckern wurden nun Erdäpfel angebaut. Aber ausgerechnet die Kartoffel, die bei der letzten Hungersnot das Schlimmste abgewendet hatte, wurde 1916 von Fäulnis befallen. Die hungernden Menschen mussten nun aus der Not heraus wieder Rüben essen, und zwar die Burgunderrübe, die eigentlich nur noch als Tierfutter angebaut wurde. Der Rübenwinter 1916/17 ist schuld, dass der Ruf der Rübe nun ruiniert war und sie weitgehend vom Speisezettel verschwand.

Erst in den letzten Jahren hat man alte Gemüsesorten wie die Speiserüben wiederentdeckt. Zarte Mairübchen, die Rote Rübe und auch die fast vergessene »Tusche«, die ein wenig wie Kohlrabi aussieht, werden nicht nur von Veganern und Vegetariern geschätzt. Wer nicht weiß, wie man die Kohlrübe zubereitet: Auf S. 71 findet sich ein altes bäuerliches Originalrezept aus dem steirischen Ennstal.

»Zwiegspitzerte« Nudeln

Wegen des rauen Klimas gedieh im Mühlviertel kein Weizen. Deshalb nahm man dort für viele Rezepte traditionell Roggenmehl, allerdings meistens nicht das dunkle Brotmehl, sondern Weißroggen, wie er auch heute noch gerne für Semmeln und Salzstangerl verwendet wird.

Die Nudeln heißen »zwiegspitzert«, weil sie an beiden Enden mit einer geschickten Handbewegung zuge-spitzt wurden. Dabei rollten die Frauen die kleinen Nudeln blitzschnell unter dem Daumenballen. Angeblich soll die eine oder andere dabei in die Hand gespuckt haben, damit die Nudeln besser rutschen. Die Mühl-viertlerin, die mir dieses Rezept anvertraute, meinte augenzwinkernd: »Vielleicht waren sie dadurch ja auch geschmacklich besser? Man weiß ja nie ...«

Zutaten

Für die Nudeln: 300 g weißes Roggenmehl, Type 500 (Roggenvorschussmehl) / Salz / etwas Wasser (oder Milch), lauwarm / 2 EL Pflanzenöl / Butter für die Form / 2 Äpfel / 125 ml Milch

Für die Eiermilch: 1 Ei / 60 ml Milch

Zum Beträufeln: etwas zerlassene Butter / Zucker

Zubereitung

1. Aus Mehl, Salz, Öl und Wasser (oder Milch) einen festen Nudelteig bereiten.
2. Eine lange, fingerdicke Nudel formen und in ca. 3 Zentimeter große Stücke schneiden.
3. Auf einer bemehlten Arbeitsfläche die Nudeln mit dem Druck des Daumenballens an den Enden spitz formen.
4. In einer Rein die Butter erhitzen, die Nudeln hineingeben und im Rohr bei 190° C, Ober- und Unterhitze, ca. 10 Minuten vorbacken.
5. Die Äpfel in kleine Spalten schneiden und gemeinsam mit der heißen Milch über die Nudeln geben. Alles gut durchmischen und ca. 20 Minuten weiterbacken.
6. Zutaten für die Eiermilch vermengen und über die Nudeln gießen und bei 140° C im Rohr stocken lassen.
7. Nach Geschmack mit zerlassener Butter beträufeln und zuckern.

✤ TIPP ✤

Anstelle des weißen Roggenmehls kann normales Roggenmehl oder griffiges Weizenmehl verwendet werden.

Roggene Rohrnudeln

Das ist ein sehr altes Salzburger Rezept, das mir vor vielen Jahren von einem älteren Herrn überliefert wurde. In seiner Kindheit in Bad Gastein war es die übliche Samstagmittag-Mahlzeit.

Es handelt sich dabei um eine Art Buchteln, die mit Sauerkraut serviert wurden. Diese Rohrnudeln wurden mit Roggenmehl, ohne Eier und ohne Fett im Teig zubereitet und waren damals in den 1920er- und 1930er-Jahren die absolute Lieblingsspeise des kleinen Buben. Die Familie hatte neun Kinder und der Vater, ein Zimmermann, brachte die Familie gerade so über die Runden. Die Mutter, die diese Speise selbst von ihrer eigenen Mutter übernommen hatte, war eine ausgezeichnete Köchin, die mit bescheidenen Mitteln hervorragend kochte.

Zutaten

500 g Roggenmehl / 30 g Frischgerm / 250 ml Wasser /
evtl. 1–2 Eier / Salz / Butter oder Schmalz für die Form

Zubereitung

1. Aus wenig lauwarmem Wasser, etwas Mehl und Germ ein Dampfl (siehe S. 17) zubereiten und gehen lassen.
2. Falls man Eier nimmt, diese mit dem Wasser versprudeln und mit Salz und dem Dampfl zu einem festen Germteig verarbeiten.
3. Zugedeckt im Warmen ca. 1 Stunde gehen lassen.
4. Mit einem Esslöffel Stücke aus dem Teig stechen und nebeneinander in eine gut gefettete Rein setzen.
5. Bei 180° C, Ober- und Unterhitze, etwa 30 Minuten lang im Rohr backen und noch warm mit gedünstetem Sauerkraut servieren.

❧ EIN TIPP ❧
VON DEM ALTEN HERRN

Wenn von diesem Essen etwas übrig bleibt, kann man die Reste blättrig schneiden und gut anrösten. Da werden die Nudeln schön resch!

Tuschen

Die gelbe Kohlrübe, im Volksmund auch »Tusche« genannt, wird in den alten Rezepten meist weichgekocht und dann weiterverarbeitet. Im klassischen »Tuschenland« Tirol wurden sie zu Nocken oder zu Nudeln geformt.

Im Ennstal, woher dieses Rezept stammt, wurden die »Tuschen« gestampft und danach abgeschmalzen. Die Dame, die dieses Rezept noch aus ihrer Kindheit kennt, betont, dass man keinesfalls auf das Butterschmalz verzichten soll. Die so zubereiteten »Tuschen« wurden früher zu den roggenen Steirerkrapfen serviert.

— Zutaten —

500 g Kohlrüben / 120–150 g Butterschmalz / 20 g Mehl, griffig /
1 TL Kümmel, ganz / 12 EL Zucker

— Zubereitung —

1. Die Rüben schälen und in kleine Würfel schneiden.
2. In Salzwasser mit Kümmel kochen.
3. Abseihen und mit einem Erdäpfelstampfer gut zerdrücken.
4. Nach Geschmack ein wenig zuckern.
5. Das Butterschmalz erhitzen und damit die Rüben vor dem Servieren übergießen

(Fast) vegetarisch durch den Alltag

Eine Küchenkultur der Werktage kennen wir heute nicht mehr. Wie auch, Sonntagsessen und Alltagsessen unterscheiden sich kaum noch. Das war früher völlig anders. Am Land und auch in den Städten gab es von Montag bis Samstag einfache, oft fleischlose Speisen.

»MONTAG KNÖDELTAG, DIENSTAG NUDELTAG, MITTWOCH STRUDELTAG,

Donnerstag Fleischtag, Freitag Fasttag« heißt es in dem alten Lied »Was is heut für Tag?«. War es wirklich so? Hatte jeder Wochentag seine eigene, immer gleichbleibende Speise?

Das Lied bezieht sich ausschließlich auf die bäuerliche Küche. Eine gute Köchin war hier nicht jene, die besonders raffiniert kochte oder die immer wieder neue Speisen kreierte. Gut kochte, wer beständig die gleichen traditionellen Speisen in ausreichender Menge auf den Tisch stellen konnte. Abwechslung im Speisezettel war kein Vorzug, sondern im Gegenteil ein Zeichen von bürgerlicher Kochkunst, die in den Bauernhäusern lange unbeachtet blieb. Im Extremfall wurden sogar tagaus, tagein, auch mittags und abends die immer gleichen Speisen serviert.

Das Lied hat insofern recht, als bestimmte Tage als Fleisch- oder Fastentage festgelegt waren. Daraus ergab sich ein Wochenrhythmus der Speisen, der sich gut in den alten bäuerlichen Jahresrhythmus einfügte. Denn auch im Bauernjahr hatten einzelne Tage immer schon eine besondere Bedeutung. Es gab beispielsweise traditionell festgelegte Tage, an denen Verwandte (26. Dezember und Ostermontag) und die Taufpatin (Allerheiligen, Ostern) besucht wurden. Die zahlreichen Bauernfeiertage waren zum Teil zweckgebunden, so auch der 2. Februar, der Lichtmesstag, an dem es den Dienstboten möglich war, ihre Arbeitgeber zu

wechseln. Man heiratete, je nach Region, immer an Dienstagen oder an Donnerstagen. Es gab Stichtage für Saat, Ernte und für besondere Arbeiten. Jeder Wochentag hatte seine eigene Bedeutung und oft auch seine eigenen, ihm zugewiesenen Speisen.

Davon ist wenig geblieben. Am ehesten ist uns heute noch der Freitag als (katholischer) Fasttag geläufig. Genau genommen handelt es sich um einen Abstinenztag von Fleisch. Weniger bekannt ist, dass früher auch der Mittwoch als Fleisch-Fasttag galt. Beide Tage spielen in der Osterpassion eine große Rolle: Der Freitag, als der Tag, an dem Jesus gekreuzigt wurde, und der Mittwoch als der Tag, an dem Jesus gefangen genommen und verurteilt wurde. So gab es an beiden Tagen früher meistens süße Mehlspeisen, was besonders den Kindern sehr recht war.

Es gab zwar Bauernhöfe, die, außer zu den gebotenen Fastenzeiten, Tag für Tag Geselchtes, Kraut und Knödel auftischten, viel häufiger aber wurde mit dem Fleisch gespart. Dann wurde das obligate Geselchte in kleine Stücke geschnitten und über dem Sauerkraut verteilt. Auch hier galt: Man lebte von dem, was der Hof hergab. Die Menge an geselchtem Fleisch und Speck, die im Vorratshaus, dem »Kasten«, aufbewahrt wurde, war begrenzt. Frisches Fleisch gab es in Zeiten ohne Kühlmöglichkeit ohnedies nur in der Zeit nach den Schlachttagen zu Weihnachten und zu Ostern.

Fleisch-Fastentage sind heute wieder ein großes Thema, allerdings aus gesundheitlichen oder umweltpolitischen Gründen. Wer nicht vegan oder vegetarisch lebt, kann sich für einen Veggie Day entscheiden. Längst ist das nicht nur eine persönliche Entscheidung, sondern auch eine gesellschaftspolitische. In vielen Städten gibt es eine Übereinkunft der Kantinen, an einem Tag in der Woche kein Fleisch anzubieten. Weltweit ist der Veggie Day oft der Donnerstag, manchmal auch der Montag. Der Freitag wurde bewusst nicht gewählt, um nicht mit dem traditionellen Freitags-Fisch der christlichen Speisegebote in Konflikt zu geraten. Nur in Graz ist der Mittwoch offiziell der vegetarische Tag, an dem in allen Kantinen der Stadt fleischlos gegessen wird. Vielleicht hat man sich daran erinnert, dass einst der Mittwoch als traditioneller Fleisch-Fasttag galt.

DONNERSTAG: FLEISCHTAG.

Zwischen den Abstinenztagen Mittwoch und Freitag befand sich der »Fleischtag« Donnerstag. Dieser Wochentag hatte schon bei den Römern eine herausragende Stellung, weil er nach ihrem höchsten Gott Jupiter benannt war. Reste der lateinischen Bezeichnung finden sich noch im Italienischen *giovedì* und im Französischen *jeudi* für Donnerstag. Die Germanen ersetzten Jupiter einfach durch ihren obersten Gott Donar, der dem Tag im Deutschen schließlich seinen Namen gab.

Im Christentum fallen auffallend viele Bräuche, Gedenk- und Feiertage auf den Donnerstag: Christi Himmelfahrt, Fronleichnam, Gründonnerstag und die letzten drei Donnerstage im Advent, an denen heute noch der Brauch des »Klöpfelns« ausgeübt wurde. Dabei gehen Kinder als Hirten verkleidet von Haus zu Haus, singen dort Lieder und ziehen nach

Im Christentum fallen auffallend viele Bräuche, Gedenk- und Feiertage auf den Donnerstag.

entsprechender Belohnung wieder weiter. An den Donnerstag als den Tag des Schmausens und Feierns erinnert am Land noch der »foaste«, also der fette Donnerstag. Der letzte Donnerstag im Fasching, an dem noch einmal so richtig geschlemmt werden konnte. Sogar in der Großstadt Wien finden wir noch einen Rest der alten Bedeutung des Donnerstags als Beinah-Feiertag. Der Tag galt dort lange als »Nobeltag«, an dem Bälle und andere Veranstaltungen stattfanden. Noch heute fällt der Opernball traditionell immer auf einen Donnerstag.

Auch der Montag als »Knödeltag« ist keine Erfindung. Tatsächlich war der Montag oft der Tag, an dem die Reste vom Sonntag verarbeitet wurden. Alles, was vom Sonntagsbraten übrig geblieben war, wurde klein geschnitten und in Semmel- oder Erdäpfelknödeln verwertet. Vielleicht ist es Zufall, aber eine Steuererhebung aus den 1830er-Jahren in Oberösterreich belegt für einen Bauernhof als Montagsessen »Mehlknödel aus halb Weizenmehl und halb Gerstenmehl«. Dieses Mittagessen gab es an allen Montagen im Sommer und im Winter.

Noch ein Wort zur Mehllastigkeit der alten bäuerlichen Ernährung. Knödel, Strudel, Nudel und tagtäglich Brot – man fragt sich, ob es denn früher keine Allergien und Unverträglichkeiten gegeben, oder ob man diese ignoriert hat. Heute, wo Weizen »böse« ist und man überhaupt am liebsten alle glutenhaltigen Mehle ersetzen würde, findet solche mehlhaltige Kost nicht überall Zuspruch. Aber womöglich vergleichen wir hier Äpfel mit Birnen. Ernährungsexperten sind der Meinung, dass die alten Getreidesorten viel verträglicher waren als moderne Hybridsorten. Erst seit in den 1950er-Jahren Hochleistungssorten gezüchtet wurden, sind Allergien und Gluten-Unverträglichkeiten auf dem Vormarsch. Nicht zu unterschätzen sind in diesem Zusammenhang auch Mehle, die mit Backtriebmittel versetzt sind, was heute bei fast allen Brotmehlen der Fall ist.

Was in vielen Bauerhäusern früher auf den Tisch kam, liest sich wie eine klassische Ernährungsempfehlung: wenig Fleisch, selten Eier, dafür viel gesundes Sauerkraut, praktisch nie mit Zucker Gesüßtes, sehr selten weißes Weizenmehl, dafür oft Vollkornproduk-

Der Montag als »Knödeltag« ist keine Erfindung. Tatsächlich war der Montag oft der Tag, an dem die Reste vom Sonntag verarbeitet wurden.

te und Roggenbrot, in manchen Gegenden auch viel Polenta, nur an Sonn- und Festtagen Bohnenkaffee, sonst selbst gemachter Gerstenkaffee und ausschließlich regionale und saisonale Produkte.

KNÖDEL, NUDELN, STRUDEL, REINKERL, TASCHERL UND POGATSCHERL.

Das ist kein Zungenbrecher, sondern ein Streifzug durch die österreichische Alltagsküche. Nicht zu vergessen all die Nocken, Nockerl, Fleckerl, Spatzen und Spätzle.

Das Schöne an der Knödel-, Nudel- und Strudelvielfalt unseres Landes ist, dass jede Gegend, jede Talschaft, ja, fast jedes Haus eigene überlieferte Rezepte kennt. Im Falle der Nudeln braucht es zunächst eine Begriffseklärung. Selten meinte man früher Teigwaren, wenn man »Nudel« sagte. Teigwaren als Handels-

Gefüllte Paprika
mit Paradeissauce,
ein klassisches
Werktagsgericht.

Das Schöne an der Knödel-, Nudel- und Strudelvielfalt unseres Landes ist, dass jede Gegend, jede Talschaft, ja, fast jedes Haus eigene überlieferte Rezepte kennt.

ware wurden am Land sehr selten und auch in den Städten nicht in dem Ausmaß wie heute gekauft. Gab es doch einmal Nudeln, wie etwa die Suppennudeln in der Sonntagssuppe, wurden sie frisch zubereitet.

In Westösterreich und in Kärnten wurden Buchteln als Nudeln bezeichnet. Man nannte und nennt sie noch heute Dampfnudeln oder Rohrnudeln.

In Westösterreich ebenfalls weit verbreitet sind kleine längliche Nudeln aus Erdäpfel-, Germ-, Weizen- oder Roggenteig. Man kennt sie als Schupfnudeln, Wuzelnudeln, roggene Nudeln oder Erdäpfelnudeln. Genossen wurden sie sowohl als Süßspeise als auch abgeschmalzen mit Kraut.

Kärntner Nudeln scheint mittlerweile jeder zu kennen. Aber auch hier gibt es Überraschungen. Als ich in Oschenitzen in Südkärnten bei einer lieben Gesprächspartnerin zu Besuch war, hat sie mir »gewickelte Kärntner Nudeln« (siehe S. 80) mit Hirsefüllung aufgetischt. Sie erklärte mir, dass es diese Art Nudeln nur in Südkärnten gibt und es somit eine echte »windische« Spezialität sei. In ihrer Kindheit war es ein typisches Freitagsessen.

In Tirol, dem Mutterland aller Knödel, war zwar nicht jeden Tag Knödeltag, aber doch zumindest am Dienstag und am Donnerstag. Dann bekam jeder bei Tisch ausnahmsweise einen eigenen Teller. Die echten Könnerinnen schafften es, ihre Knödel nur mit zwei Schöpflöffeln – einer davon musste kleiner sein, sodass er in den anderen hineinpasste – zu formen,

ganz ohne ihn mit der Hand zu berühren. Wenn es nach langen Übungsjahren endlich klappte, war das Mädel heiratsfähig. Das sagt nicht nur einiges über die Stellung der Frauen aus, sondern auch über die Bedeutung der Tiroler Nationalspeise.

Die Vorherrschaft über die Knödel teilen sich die Tiroler mit den Oberösterreichern. Dass es aber auch in Wien Knödel gibt und sogar einen original Wiener Semmelknödel, das verdanken wir den böhmischen Köchinnen. Die böhmische Köchin Elis hatte mit ihrem Schwiegersohn eine Knödel-Begegnung der besonderen Art. Sie servierte ihm echte böhmische Knödel. Sie bestehen aus einer Art Nockerlteig, in dem sich vereinzelt kleine Semmelwürfel befinden. Als der Schwiegersohn diesen Knödel sah, konnte er sich vor Lachen nicht mehr halten. So etwas hatte er noch nie gesehen! Das war in seinen Augen kein Knödel. Er wäre aber gerne bereit, erklärte er, Elis zu zeigen, wie der einzig wahre, echte Knödel – der Wiener Semmelknödel – gemacht wird. So kam es, dass die erfahrene Köchin Elise noch dazulernte. Ausgerechnet der Schwiegersohn brachte ihr bei, wie man Semmelknödel machte!

2 STUNDEN UND 37 MINUTEN MUSSTE MAN 1960 FÜR 1 KG SCHWEINEKOTELETT ARBEITEN.

Im Jahr 2009 waren es zum Vergleich nur mehr 32 Minuten. Fleisch ist zu einem billigen, jederzeit und in großen Mengen verfügbaren Lebensmittel geworden. Wir Österreicher essen heute fast doppelt so viel Fleisch als im Jahr 1960, nämlich pro Kopf rund 95 kg.

Fleisch war früher ein Statussymbol. Wer es sich leisten konnte, brachte Fleisch auch täglich auf den Tisch. Die meisten jedoch konnten und wollten dies nicht, etwa weil sie auf ein Haus sparten oder schlicht

76

und einfach nicht genug verdienten. Fleisch galt als Kraftnahrung. Es hieß, wer körperlich arbeitet, der braucht regelmäßig Fleisch. Daraus resultierte die heute für uns schwer nachvollziehbare Gewohnheit, nur dem Vater als dem Versorger der Familie ein Stück Fleisch vorzusetzen.

Die Tochter eines Salinenarbeiters aus Hallstatt erinnert sich: »Fleisch hat es bei uns bloß am Sonntag gegeben. Da gab es meistens gekochtes Rindfleisch, das in der Suppe gegessen wurde. Nur der Vater hat ein großes Stück Fleisch bekommen, bei der Mutter und bei uns Kindern war nur ein kleines Brockerl in der Suppe drin.«

Eine Fleischspeise an einem gewöhnlichen Wochentag war auch im bürgerlichen Milieu und bei Arbeitern generell die Ausnahme. Eine Dame aus einer obersteirischen Industriestadt hat mir ihre handgeschriebene Menüliste vom Februar 1959 zur Verfügung gestellt. Ein Auszug daraus, beginnend mit dem 2. Februar: Montag: Reissuppe, Powidltascherln; Dienstag: Knochensuppe, Leberkäse mit Salzkartoffeln und Zwiebelsauce; Mittwoch: Kümmelsuppe, Erdäpfelgulasch; Donnerstag: Maggi-Rindsuppe, Linsen mit Spiegelei; Freitag: Kartoffelsuppe, Krapfen; Samstag: Grießsuppe, Kartoffelbraten; Sonntag: Maggi-Rindsuppe, panierte Schnitzel mit Reis, dazu Rote-Rüben-Salat und grüner Salat.

Wir sehen, Fleisch gab es nur am Sonntag. Unter der Woche gab es in dieser Familie großteils vegetarische Kost, darunter zwei Mal süße Mehlspeisen. Die Suppe als erster Gang fehlte an keinem Tag, erst sie machte eine Mahlzeit komplett. Bemerkenswert ist die früher sehr beliebte Knochensuppe. Vor eini-

gen Jahren sprach ich mit dem Seniorchef der letzten verbliebenen Fleischerei in Knittelfeld. Er erzählte, dass in seiner Lehrzeit oft schon am Freitag die Knochen fürs Wochenende ausgegangen sind, weil die Nachfrage so groß war. Er als Lehrling musste dann schnell Nachschub holen, damit die Hausfrauen ihre Sonntagssuppe kochen konnten.

Es scheint, als erlebe die zwischendurch verpönte Knochenbrühe heute wieder ein Revival. Das Wunderelixier nennt sich nun Bone broth, ist fester Bestandteil der »Steinzeit-Diät« und soll dank des enthaltenen Kollagens Knochen, Sehnen, Knorpeln und Bändern guttun und sogar vor Osteoporose schützen.

WAS GIBT'S ZUM ABENDESSEN?

Ich erinnere mich noch gut an die Abend-Erdäpfel meiner Kindheit. Es gab zwei Varianten. Entweder heiße Erdäpfel mit Butter und Salz oder mit bei Tisch hauchdünn aufgeschnittenem weißen Selchspeck. Die Erdäpfel mit Butter aß man so: Man nahm einen Erdapfel, schnitt ihn in der Mitte durch und legte auf die dampfende Schnittfläche ein Stückerl Butter, das sofort schmolz. Nun wurde ein wenig gesalzen und man »arbeitete« sich mit der Gabel gerade so tief in den Erdapfel hinein, dass man genug von der Butter erwischte. Das wiederholte sich so lange, bis alles aufgegessen war.

Mit Speck lief es ein bisschen anders. Hier wurde der Erdapfel in mundgroße Bissen geschnitten und jeweils mit einem Stückchen Speck belegt. Die Hitze der heißen Kartoffel ließ den Speck butterweich werden. Ohne zu salzen ging der Bissen sofort in den Mund. Dazu gab es immer russischen Tee.

Im Laufe der Recherche zu diesem Buch habe ich bemerkt, dass Erdäpfel zum Abendessen bis in die 1970er-Jahre allgemein üblich waren. Ein Gesprächs-

AM MITTAGSTISCH 1957 IN VÖCKLABRUCK.

partner berichtete, dass er auch im Internat jede Woche einmal Erdäpfel mit Butter und Salz gegessen und dazu schwarzen Tee getrunken hat. Die Gewohnheit, russischen Tee – darunter verstand man damals alle schwarzen Teesorten –zum Abendessen zu trinken, war eine rein städtische. Vielleicht tat man es, weil dieser Tee die Verdauung anregt. Es kann aber auch sein, dass man abends einfach etwas Warmes trinken wollte.

Die Gewohnheit, russischen Tee – darunter verstand man damals alle schwarzen Teesorten – zum Abendessen zu trinken, war eine rein städtische.

Oft wurde auch ein Glas Milch, im Sommer gerne Sauermilch, zum Abendessen gereicht. Saure Milch gab es nicht zu kaufen, sondern man musste sie selbst machen. In den Städten gab es an jeder Ecke Milchgeschäfte, die Milch aus Bottichen in mitgebrachte Kannen abfüllten. Auch Butter wurde dort nicht fertig abgepackt verkauft, sondern nach Bedarf von großen Butterziegeln geschnitten. Ein Glas Milch ließ man also im Sommer am Fenster oder an einem anderen warmen Ort stehen, bis die Milch sauer geworden war. Dies gelingt nur mit nicht pasteurisierter Milch. Milch aus dem Supermarkt wird bitter und bekommt den feinen säuerlichen Geschmack nicht.

Am Land war es ohnedies üblich, abends entweder eine saure Suppe oder Erdäpfel mit Sauerkraut zu servieren. Manchmal auch beides.

☙

Gut, wenn man für dieses Gericht den Unterschied zwischen speckigen und mehligen Kartoffeln kennt, sonst geht es einem wie dem oberösterreichischen Schüler in der Hauswirtschaftsstunde. Seine Lehrerin – meine Interviewpartnerin – fragte ihn: »Ambros, wie erkennt man, ob es sich um mehlige oder speckige Kartoffeln handelt?« Nach kurzem Überlegen gab Ambros die für ihn logische Antwort: »Bei den speckigen ist der Speck gleich dabei!«

Wurst gab es natürlich auch zum Abendessen, aber nur wenige »Radln«. Mit aufgeschnittener Wurst ging man sparsam um. Man kaufte sie »dekaweis« und verzehrte sie mit Brot und im Sommer mit frischen Paradeisern und Paprika, vorzugsweise aus dem eigenen Garten. Gerne bereitete man auch Liptauer zu, der, wiederum mit Tee, eine schmackhafte Abendmahlzeit ergab. Wurde eine Rindsuppe gekocht, gab es saures Rindfleisch mit Zwiebeln. Nicht vergessen werden soll hier auf das Grießkoch, das ehemals nicht nur eine Kindermahlzeit war, sondern mit Zucker und Zimt bestreut, ein vollwertiges Abendessen darstellte.

Zu Abend gegessen wurde übrigens früher als heute, immer schon gegen 18 Uhr. Dies hing vermutlich auch damit zusammen, dass man zeitiger zu Bett ging. Das wiederum hat damit zu tun, dass man die Abende ohne Fernseher verbrachte und leichter zur Ruhe kommen konnte. Aber das ist eine andere Geschichte …

Gewickelte Kärntner Kasnudeln mit Hirse

Die Kärntner Kasnudeln gibt es in vielen Varianten. Allgemein bekannt ist die Topfen-Erdäpfel-Fülle. Auch die Topfen-Semmelwürfel-Füllung, die Steinpilz-Füllung, die Apfel-Zimt-Füllung und die Kletzennudeln mit gedörrten Birnen stehen heute noch oft auf dem Speiseplan. Kärntner Kasnudeln mit Hirse-Füllung hingegen sind eine Spezialität der slowenischen Volksgruppe. Das Ungewöhnliche ist nicht nur die Füllung, sondern auch die Form. Die Nudeln werden nicht ge-krendelt, sondern, wie es in Unterkärnten früher üblich war, gerollt.

Wie viel Hirse man braucht? Meine Interviewpartnerin sagte: Eine Handvoll! Das Schöne an mündlich überlieferten Rezepten ist diese Bildhaftigkeit. Jeder kann sich vorstellen, wie viel Hirse er wohl in die Hand nehmen kann. Trotzdem gibt es hier eine Mengenangabe in Gramm. Wer will, möge die Menge mit der Hand bemessen (und in doppelt so viel Milch kochen).

Zutaten

Für den Teig: 500 g Mehl, griffig / 2 Eier / 1 EL Pflanzenöl / Salz / etwas lauwarmes Wasser

Für die Fülle: 250 g Hirse / 500 ml Milch / 250 g Bröseltopfen / Salz / je 2 EL Minze und Kerbel, fein gehackt

Zum Anbraten: Butter oder Grammeln mit Schmalz

Zubereitung

1. Eventuell schon am Vorabend die Hirse in der Milch bissfest kochen. Auskühlen lassen.
2. Aus Mehl, Eiern, Öl, Salz und etwas Wasser einen mittelfesten Teig kneten. Zu einer Kugel formen und mindestens eine halbe Stunde abgedeckt rasten lassen.
3. Gekochte Hirse mit dem Topfen vermischen, salzen, Minze und Kerbel hinzufügen.
4. Den Teig auf einer bemehlten Arbeitsfläche kreisrund ausrollen und mit der Fülle bestreichen.
5. In die Mitte ein Loch in den Kreis schneiden und den Teig von innen nach außen aufrollen – bis am Ende ein »Rad« auf dem Tisch liegt. Auf diese Weise wird die Fülle überall gleich verteilt.
6. 15 Zentimeter lange Stücke abschneiden, an den Enden gut zusammendrücken.
7. In kochendes Salzwasser legen und 10–15 Minuten sieden.
8. In 2 Zentimeter dicke Stücke schneiden und in Butter oder Schmalz anbraten. Heiße Grammeln drüberstreuen und mit Salat servieren.

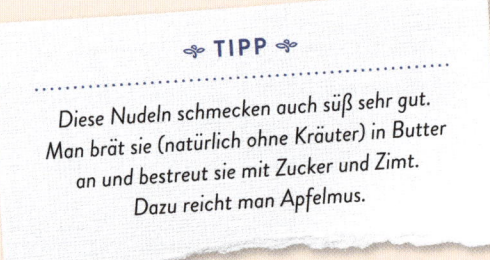

❧ TIPP ❧

Diese Nudeln schmecken auch süß sehr gut. Man brät sie (natürlich ohne Kräuter) in Butter an und bestreut sie mit Zucker und Zimt. Dazu reicht man Apfelmus.

Burgenländische Gemüsesuppe
mit Eierspätzle und Sterz

Sättigende Suppen als Hauptspeise sind etwas typisch Burgenländisches. Franz Maier-Bruck berichtet uns in seinem Buch »Vom Essen auf dem Lande«, dass die Burgenländer früher deshalb auch »Suppenschwaben« genannt wurden. Ebenfalls eine Art Nationalspeise der Burgenländer sind Teigwaren aus Eintropfteig. Verwendete man früher dafür nur Mehl und Wasser, dürfen es heute schon üppige Eierspätzle sein.

Dieses Rezept stammt von Anni, einer leidenschaftlichen Köchin aus dem Südburgenland, nah an der Grenze zu Ungarn. Daher die Zugabe von Paprikapulver für die ungewohnte, rötliche Farbe der Gemüsesuppe. Wer einen eigenen Garten hat, kann sich bei diesem Gericht austoben. Erbsen, Karotten, Fisolen, Kohlrabi, Karfiol, Erdäpfel – einfach alles, was gerade Saison hat, darf in die Suppe. Anni würzt nur mit Salz. Sie meint: »Die verschiedenen Gemüsesorten haben schon genug Würze, da braucht man keinen Majoran oder Thymian!« Dazu wird der goldgelbe, knusprige, im Ofen gebackene Sterz mit der Hand gegessen. Ein herrlich aromatisches Wohlfühlgericht.

Zutaten

Für die Suppe: 3 EL Pflanzenöl / 2 EL Mehl / 300 g Gemüse der Saison / 1 Erdapfel / Paprikapulver / Salz

Für die Eierspätzle: 100 g Mehl / 1 Ei / 50 ml Wasser

Für den Sterz: ca. 700 ml Milch / 400 g Universalmehl / 2 Eier / Salz / 1 großer Erdapfel

Zubereitung

1. Aus Öl und Mehl eine Einbrenn machen: Dafür das Öl in einem Topf erhitzen, Mehl darin leicht braun werden lassen und mit ca. 1,2 l Wasser unter ständigem Rühren aufgießen.
2. Fein geschnittenes Gemüse und klein gewürfelten Erdapfel hinzufügen und so lange kochen, bis die gewünschte Konsistenz erreicht ist. Mit Salz abschmecken.
3. Für die Spätzle Mehl, Ei und Wasser zu einem dickflüssigen Teig verrühren.
4. Masse unter ständigem Rühren in die köchelnde Suppe einrinnen lassen. Einmal aufkochen.

Für den Sterz:

1. Milch, Mehl, Salz und Eier verrühren. Den rohen Erdapfel fein reiben und hinzufügen.
2. Ein Backblech oder eine Rein anfetten und die Masse hineinschütten. Sie soll nur dünn den Boden bedecken.
3. Im mittelheißen Rohr goldgelb backen. Am Boden soll der Sterz schön braun sein!
4. In Stücke schneiden und mit der Hand noch warm zur Suppe essen.

❦ TIPP ❦

Der Sterz schmeckt zu vielen gehaltvollen Suppen, etwa zu einer Serbischen Bohnensuppe.

Retten wir die Einbrenn!

Völlig aus der Mode gekommen ist die Einbrenn.
Dabei ist sie ein unverzichtbarer Bestandteil der
österreichischen Küche. Sie mag zwar unelegant sein,
aber erst durch sie bekommen viele Saucen und
Suppen Körper und auch Geschmack.

EINGEBRANNTE SAUCEN? SELBSTVERSTÄNDLICH!

Hier soll der Ruf der klassischen österreichischen Einbrenn gerettet werden. Sie war ein Grundpfeiler der traditionellen österreichischen Küche. Die Einbrenn, hochdeutsch etwas unappetitlich Mehlschwitze genannt, hat zwei Feinde: die feine Küche, die die Einbrenn für minderwertig hält, und moderne Instant-Saucenbinder, die sie ersetzen.

Noch nie habe ich TV-Köche gesehen, die Saucen oder Suppen mit einer Einbrenn eindicken. Das gilt als unelegant und veraltet. Auch in neueren Rezepten scheint sie nicht mehr vorzukommen. Wenn Saucen eingedickt werden, dann durch edles Montieren mit kalten Butterflocken. Wer also keine allzu flüssigen Saucen mag, muss eben still und heimlich die gute alte Einbrenn hinzufügen.

Zur Ehrenrettung der Einbrenn möchte ich anhand der klassischen »eingebrannten« Erdäpfel, auch Erdäpfelsauce genannt, zeigen, welche hohe Kunst es ist, derlei Speisen richtig und gut zuzubereiten. Zunächst muss man wissen, ob man eine helle (blonde Röstung) oder eine dunkle Einbrenn (braune Röstung) will und dass sich einzig glattes Mehl gut dafür eignet. Für die Erdäpfelsauce soll es eine dunkle Einbrenn sein. Das Mehl wird also in Fett unter ständigem Rühren geröstet und mit Flüssigkeit aufgegossen.

Wer nicht weiß, dass das Aufgießen auf keinen Fall bei großer Hitze geschehen soll, sondern am besten erst nach dem Überkühlen, hat lauter Klümpchen und kann alles wegschütten. Hat bisher alles geklappt, muss man nur noch wissen, dass die Einbrenn jetzt mindestens 15 Minuten köcheln sollte, damit sich der Mehlgeschmack verliert.

Im Fall der »eingebrannten« Erdäpfel gilt: Je simpler ein Gericht scheint, desto mehr Mühe muss man sich geben.

Eine hervorragende Köchin, deren Erdäpfelsauce in ihrer Familie heiß geliebt wird, würzt mit Salz, Lorbeerblatt, Majoran, Thymian und etwas geriebener Muskatnuss. So einfach es klingt, so schwierig ist es nachzukochen. Der richtige Einsatz der Gewürze und Kräuter macht es aus und das kann jeder nur für sich selbst herausfinden. Eine (theoretische) Anleitung findet sich auf Seite 84.

Ohne Einbrenn ist die bürgerliche Alltagsküche nicht denkbar. So wurden aus Fisolen, Gurken, Kohl, Kohlrabi, Kochsalat, Erbsen, Spinat, Rüben und Erdäpfeln »Saucen mit Inhalt«. Der ideale Begleiter dazu war entweder eine Knackwurst oder gekochtes Rindfleisch – fertig war ein typisches Alltagsgericht.

Auch die Einbrennsuppe soll nicht vergessen werden. Anders als die eingebrannten Saucen ist sie bäuerlichen Ursprungs. Dort war sie als Mehlsuppe oder Kümmelsuppe oft die Frühstückssuppe. Brennsuppe ohne Fett galt sogar als Heilmittel gegen Erkältung und Durchfall.

Der Einbrenn ähnlich, aber nicht mit ihr zu verwechseln ist die Einmach. Das Mehl wird dabei nicht geröstet, sondern man lässt es in heißem Fett nur einmal kurz aufschäumen. Daher sind Einmachsuppen immer hell und weniger intensiv im Geschmack. Diese Suppen waren früher die perfekte Gelegenheit, um Suppenhühner zu verwerten. Die Hühnereinmachsuppe war ein sehr feines, sättigendes Mittagessen.

Johannas Erdäpfelsauce mit Kren

Eingebrannte Erdäpfel waren ein Grundpfeiler der bürgerlichen Alltagsküche. Hier wird ein Grundrezept gezeigt, das seine feine Note durch klein geschnittene Essiggurken statt dem obligaten Spritzer Essig bekommt. Der Kren gibt gerade so viel Schärfe, dass er nicht hervorsticht, aber doch der Sauce Körper gibt. Diese Sauce ist Johannas Spezialität. Ihre längst erwachsenen Kinder finden, dass die Erdäpfelsauce nirgends so gut schmeckt wie bei ihr, und »bestellen« sie vorsorglich telefonisch vor einem Besuch.

— Zutaten —

1 Zwiebel / 500 g Erdäpfel, fest kochend / Pflanzenöl / 1 Lorbeerblatt / Majoran / Thymian / etwas geriebene Muskatnuss / Salz / 250 ml Wasser / 2–3 Essiggurken / ca. 1 EL Kren

Für die Einbrenn: 2 EL Mehl, glatt / 2 EL Butter oder Butterschmalz

— Zubereitung —

1. Rohe, klein gewürfelte Erdäpfel und fein geschnittenen Zwiebel in etwas Öl leicht anrösten. Mit Wasser aufgießen und die Gewürze hinzufügen. Erdäpfel nicht ganz weich kochen.
2. Eine dunkle Einbrenn bereiten, indem das Mehl im Fett unter ständigem Rühren dunkel geröstet wird. Etwas abkühlen lassen und samt Flüssigkeit zu den halbweich gekochten Erdäpfeln geben. Unter Rühren noch ca. 15 Minuten weiter köcheln lassen.
3. Mit Salz abschmecken, die klein geschnittenen Essiggurken unterrühren und nach Geschmack frisch geriebenen Kren hinzufügen.

❖ TIPP ❖

Johanna empfiehlt, die Erdäpfelsauce als Beilage zu gekochtem Rindfleisch zu servieren!

Hühnereinmachsuppe mit Bröselknöderln

Katharina Prato beschreibt 1862 in ihrem Buch »Die Süddeutsche Küche«, wie eine klassische Einmachsuppe aus Kalbs- oder Geflügelfleisch gemacht wird. Wir halten uns hier in weiten Teilen an Pratos Rezept. Besonders ihr Tipp, Erbsen und »Schwämme«, also Pilze, hinzuzufügen, wird gerne aufgegriffen.

Prato empfiehlt als Einlage geröstete Semmeln, »Fritatti-Nudeln« oder gebackene Erbsennockerl. Im Lauf der Zeit haben allerdings kleine Knödel als Einlage alle anderen Varianten verdrängt. Wenn man will, kann man die Einlage auch ganz weglassen, denn die Suppe selbst ist schon gehaltvoll genug.

Ursprünglich wurde diese Suppe mit einem Suppenhuhn zubereitet. Da man kaum noch wirklich gute Suppenhühner bekommt, müssen wir uns anders behelfen. Ich empfehle, Hühnerklein, also Kragen, Flügerl und die Innereien, zu verwenden, um auch diese Teile des Huhns sinnvoll zu verwerten. Wer das nicht mag, kann natürlich auch auf Hühnerbrust und Keulen zurückgreifen.

Zutaten

Für die Suppe: 500 g Hühnerklein und Innereien / 1 Zwiebel / 150 g Suppengemüse / 60 g Butter, Schmalz oder Rindermark / 40 Mehl, glatt / Wasser / 100 g Erbsen / evtl. 100 g Champignons / Salz, Pfeffer / Muskatnuss / etwas Petersilie

Für die Bröselknöderl: 150 g Semmelbrösel / 4 EL Milch / 100 g Butter / Salz / Muskatnuss / 1 Ei / 1 Eidotter

Zubereitung

1. Hühnerteile, klein geschnittene Zwiebel und in Würfel oder Scheiben geschnittenes Wurzelwerk in Fett anrösten. Dann mit Mehl stauben, wiederum leicht anrösten und mit Wasser aufgießen (so viel, dass die Hühnerteile gut bedeckt sind), salzen, pfeffern und bei kleiner Flamme weich kochen.

2. 5–10 Minuten bevor das Fleisch ganz weich ist, Erbsen und Champignons beifügen und bis zum Ende der Kochzeit mitgaren lassen.

3. Das Hühnerfleisch aus der Suppe nehmen, in kleine Stücke schneiden beziehungsweise von Haut und Knochen lösen.

4. Fleisch in die Suppe zurückgeben. Mit Salz, Pfeffer und Muskatnuss abschmecken und mit fein gehackter Petersilie bestreuen.

5. Für die Bröselknöderl Semmelbrösel mit der Milch anfeuchten und kurz anziehen lassen.

6. Butter schaumig rühren, mit Salz und Muskatnuss würzen und mit dem Ei und dem Eidotter verrühren. 30 Minuten zugedeckt ziehen lassen.

7. Alles gut miteinander vermengen, kleine Knödel formen und im Salzwasser circa 10 Minuten kochen.

Naschen anno dazumal!

Was Zucker betrifft, gab es lange zwei Welten:
die fast zuckerfreie bäuerliche Küche und
die süße Mehlspeisküche, die wir als typisch
österreichisch betrachten.

WER NICHT AN ZUCKER GEWÖHNT IST, BRAUCHT IHN NICHT.

Nur so ist es zu erklären, dass dort, wo früher sehr wenig gesüßt wurde, also im bäuerlichen Bereich, die Menschen den Zucker nicht vermisst haben. Nur zu besonderen Anlässen, etwa am Sonntag, wurden Koche, Breie und Sterzgerichte mit selbst gedörrten Trockenfrüchten aufgebessert. Zucker wurde praktisch nie verwendet. Wenn ich Menschen, die noch so gelebt haben, danach fragte, bekam ich zur Antwort: »Uns hat der Zucker nicht gefehlt, weil wir ihn nicht gekannt haben« oder »Zucker waren wir nicht gewöhnt«. In einer Familie gab es ab und zu einen »Oasterz«, eine Art Kaiserschmarren – ungesüßt! Jedes Bröserl Zucker, das man beim Kaufmann erstand, wurde sparsamst eingesetzt.

Heute weiß man, dass Zucker wie eine Droge wirkt. Je mehr man davon zu sich nimmt, desto mehr braucht man. Ungesüßte oder schwach gesüßte Lebensmittel schmecken dann nicht mehr. Der Körper gewöhnt sich so sehr an eine zuckerreiche Ernährung, dass er Entzugserscheinungen zeigen kann, wenn er ohne Süßes auskommen muss. Gibt man im Internet den Suchbegriff »Zuckerentzug« ein, bekommt man über 50.000 Meldungen. Man kann getrost davon ausgehen, dass viele von uns tatsächlich auf Entzug wären, müssten sie sich so ernähren, wie viele Bauern es bis zur Mitte des vorigen Jahrhunderts getan haben.

Ein Kärntner Altbauer, geboren 1928, erinnerte sich sogar noch an die Zeit, als das erste Mal Zucker ins Haus kam. Seine Mutter hatte Zucker offen in kleinen Mengen als Rieselzucker oder als Würfelzucker gekauft. Er schätzt das Verhältnis des Zuckerverbrauchs in seinem Haus von damals zu heute auf 1:50.

Bis in die 1930er-Jahre war der Zuckerhut üblich, ein Kegel aus gepresstem Zucker. Ich durfte noch mit einer 1921 geborenen Oberösterreicherin sprechen, in deren Elternhaus der Zuckerhut bei den Vorräten auf dem Dachboden stand. Bei Bedarf schickte die Mutter ein Kind hinauf, um ein Stück abzuhacken. Dieses musste vor der Weiterverarbeitung erst mühsam zerstoßen werden. Unter diesen Umständen ist es kein Wunder, dass Zucker eine Besonderheit war, die es nur sehr selten gab.

Dieselbe Gesprächspartnerin erzählte von den Dörrbirnen ihrer Kindheit. Immer wenn im Herbst die Birnen reif waren, wurden sie und ihre Brüder zur »Godn«, der Taufpatin, geschickt. Dort bekamen sie einen großen Sack mit Birnen. Es waren keine Tafelbirnen, sondern sogenannte Wasser- oder Schmalzbirnen. Diese kleinen, gelben Früchte waren eigentlich Mostbirnen, die hart und noch ungenießbar geerntet wurden. Die beiden Kinder schleppten nun einander abwechselnd den schweren Sack eine dreiviertel Stunde nach Hause. Der Großteil der Birnen wurde im »Bachhäusl«, in dem nach dem Brotbacken die Restwärme für den Dörrvorgang genutzt wurde, getrocknet.

Ein paar Birnen wurden aber nicht gedörrt, sondern durften gegessen werden. Da sie hart waren, kamen sie für eine Nacht in das Bettstroh, ein Strohsack, der als eine Art Matratze diente. An den Geschmack konnte sich die Dame noch im hohen Alter erinnern: »Durch das Stroh sind die Birnen in kurzer Zeit ganz weich geworden. Dann haben wir sie gegessen, sie waren ein bisschen süß, das war etwas ganz Besonderes!«

EINE BEGEHRTE SÜSSIGKEIT WAREN ROSINEN

Heute werden sie von Kindern oft aus Mehlspeisen herausgeklaubt, früher wurde extra nach ihnen gesucht. Auf einem Obermillstätter Bauernhof in Kärnten bekam jedes der Kinder zu Ostern einen Reindling. In den köstlichen Reindlingen waren natürlich ein paar »Weinbeerl« drinnen. Noch bevor der Kuchen angeschnitten wurde, machten sich die Kinder auf die Suche: Wo ist eine Rosine? Mit den Fingern wurde tief hineingegraben und eine Rosine nach der anderen herausgeholt und sofort vernascht. Natürlich wurde der Reindling nicht auf der Stelle aufgegessen. Damit aber nur ja niemand auf die Idee kam, sich vom Reindling der Geschwister ein Stück zu stibitzen, nahmen die Kinder ihr kostbares Gut abends sogar mit ins Bett und versteckten es am Fußende. So hielt die Mehlspeise, wenn man es sich gut einteilte, über die ganze Osterzeit.

Welchen Stellenwert Süßes hatte, zeigt sich auch darin, dass der Brauch, Kindern und manchmal auch Dienstboten zu Weihnachten Bäckereien zu schenken, weit verbreitet war. Damit ist gemeint, dass jeder sein eigenes Kletzenbrot oder seinen eigenen Vorrat an Weihnachtsgebäck erhielt. In einer steirischen Bauernfamilie mit acht Kindern bekam jedes eine kleine Schachtel voll mit selbst gebackenen Keksen als Weihnachtsgeschenk. Die Freude war riesengroß!

Einen Keksteller der besonderen Art gab es in einer anderen Familie. Jedes der fünf Kinder eines Volksschuldirektors bekam zu Weihnachten Jahr für Jahr seinen eigenen Teller mit Weihnachtsgebäck. Dieser enthielt immer eine genau abgezählte Anzahl von Keksen, zwei Stück Nusspotize, das ist ein Germteigstrudel mit Nussfüllung, und dazu ein Stück Torte. Einem der Mädchen schmeckte die Torte gar nicht, ihrem Bruder hingegen sehr. Also wurde noch vor Erhalt des Tellers gehandelt. Der Bub sicherte sich immer schon im Vorfeld sein Anrecht darauf: »Geh, die Torte verkaufst du eh wieder mir?« Man ist sich stets handelseinig geworden und das Tortenstück wurde gegen Gebäck eingetauscht.

Wissenschaftliche Studien zeigen, was Mütter und Väter ohnedies schon lange wissen: Sehen Kinder Süßes, wollen sie es in einem ersten Impuls sofort essen. Wird dieser Impuls aber unterdrückt und auf später verschoben, wird auch der Heißhunger schwächer. In einem Experiment wurden Schulkindern Süßigkeiten vorgesetzt. Sie durften sie jedoch nicht gleich essen, sondern sollten vorher damit spielen und mit den Buchstabenkeksen Wörter schreiben. Erst danach durften sie naschen, so viel sie wollten. Sie hatten aber – durch das Spiel – ihren ersten Impuls unterdrückt und aßen daher viel weniger als die Kinder der Kontrollgruppe, die mit nicht-essbaren Buchstaben spielten und die Süßigkeiten einfach vorgesetzt bekamen.

Genau diese Art der Impulskontrolle beherrschten die Kinder mit dem Keksteller. Obwohl sie die Kekse praktisch in Händen hielten, aß keines von ihnen all seine Süßigkeiten auf einmal weg. Dies hat nicht nur mit gelernter Disziplin zu tun, sondern, wie wir heute wissen, auch mit unserer Verdauung. Hat sich unser Darm einmal an zucker- und fettreiche Ernährung gewöhnt, verlangt er (beziehungsweise verlangen die dort angesiedelten Bakterien) nach mehr von dem verhängnisvollen Zucker-Fett-Gemisch. Dies ist mit ein Grund, warum in oben genannter Studie schlanke Kinder weniger gegessen haben als übergewichtige.

Die alte Welt der (fast) zuckerfreien Ernährung ist längst verschwunden. Zucker dominiert unsere Ernährung mittlerweile nicht nur als Süßungsmittel, sondern auch als versteckter Geschmacksverstärker. Er findet sich in Produkten, in denen man ihn gar nicht vermuten würde, in Wurst, Brot, Frischkäse, geräuchertem Lachs, panierten Schnitzeln und in Pizzen. Fast kein Fertigprodukt kommt ohne Süßes aus. Die Hälfte aller Lebensmittel im Supermarkt enthalten Zucker. Auf diese Produkte zu verzichten, hieße auch, auf den scheinbar »vollen« Geschmack aus der immer gleichen Kombination aus Fett, Salz und Zucker zu verzichten und sich langsam wieder an den natürlichen Geschmack von echten Lebensmitteln zu gewöhnen.

DIE ÖSTERREICHISCHE MEHL-SPEISKÜCHE UND DER HEISSHUNGER NACH SÜSSEM.

Eine Niederösterreicherin, 1948 geboren, wuchs in einem gutbürgerlichen Haushalt auf. Die Kaffeejause am Nachmittag war eine althergebrachte Gewohnheit. In Zeiten ohne Handy, ja ohne Telefon, konnte es jederzeit vorkommen, dass Besucher einfach anklopften und »vorbeischauten«. Die guten Manieren geboten es, dies zu gesellschaftlich akzeptierten Zeiten zu tun, also beispielsweise zur Kaffeezeit zwischen 16 Uhr und 17 Uhr. Nicht immer hatte die Mutter dafür extra einen Kuchen gebacken, aber stets war sie vorbereitet, denn die Keksdose war immer gut gefüllt. Oft enthielt sie Anisbögen oder die in dieser Familie sehr beliebten feinen »Schweizer Kranzl«.

Diese Tradition, Kekse nicht nur zu Weihnachten anzubieten, sondern das ganze Jahr über zu Tee oder

Zwar gab es typische Weihnachtskekse, die meisten Kekssorten wurden aber zu allen Jahreszeiten gebacken.

Kaffee zu reichen, ist heute vergessen. Wenn wir alte, handgeschriebene Kochbücher durchsehen, wundern wir uns oft über das Ausmaß an Kleingebäck. Zwar gab es typische Weihnachtskekse, die meisten Kekssorten wurden aber zu allen Jahreszeiten gebacken.

In dieser Familie war immer Süßes im Haus, zwar keine Schokolade, aber hausgemachtes Gebäck. Gleichzeitig wurden auch mehrmals in der Woche Mehlspeisen wie Palatschinken, Aufläufe oder Schmarren als Hauptspeise serviert. Dennoch oder gerade deshalb hatte die Tochter nie Heißhunger auf Süßes. Ihre Mutter erklärte sich das so: Das Kind verlangte nicht nach Süßem, weil zu Hause immer (leicht gesüßte) Mehlspeisen zu haben waren. So wäre das Bedürfnis nach Süßem immer gesättigt gewesen.

Das Gleiche gilt vielleicht auch für jenen Grazer Buben, der von seiner Oma gelernt hatte, wie man ein Schaumomelette macht. Es war seine absolute Lieblingsspeise und er liebte sie so sehr, dass er jahrelang nur diese eine Speise für sich zubereitete. Zwar bot ihm seine Mutter immer wieder an, für ihn vorzukochen, aber der zwölfjährige Bub lehnte immer ab. Er aß lieber sein Schaumomelette.

Diese feine luftige Speise aus Schaum und Zucker ist ein typisch städtisches Rezept. Verschwenderisch viele Eier, wenig Mehl und dazu alles genau gemessen und abgewogen – das gab es am Land lange nicht. Gerade beim Backwerk kommt es auf genaue Mengenangaben an, die Rezepte dafür gibt's in Kochbüchern oder im Austausch mit anderen Köchinnen – auch das war im bäuerlichen Bereich viel schwerer zu bewerkstelligen. Kuchen, Torten und Kleingebäck wurden nur zu Festtagen und besonderen Anlässen wie Hochzeiten gebacken, abgesehen davon war man mit Zutaten, die nicht selbst erzeugt werden konnten, sparsam.

Oben erwähntes Schaumomelette ist im Prinzip nichts anderes als Salzburger Nockerl in der Pfanne statt im Backrohr zubereitet. Dies ist sehr wahrscheinlich sogar die Urform der berühmten Nockerl aus Salzburg. Eine der ersten Erwähnungen des Rezepts finden wir 1897 im Kochbuch »Die österreichische Küche« der Marie von Rokitansky. Sie nennt sie noch nicht Salzburger Nockerl, sondern Pfandl-Nockerl. Zubereitet werden sie aber genau so, wie es der Grazer Bub von seiner Oma gelernt hat (siehe S. 93).

(siehe S. 93)

DANN DER APFELSTRUDEL!

Auch er ein Kunstwerk, allerdings nicht aus Schaum und Zucker, sondern aus durchsichtig dünnem Strudelteig. Früher gehörten Strudel zum Repertoire jeder Köchin. Luise aus dem Stanzertal, die als junges Mädchen Haushaltshilfe in einem Diplomatenhaushalt in Luxemburg und später in Brüssel war, glänzte dort mit ihrem Wiener Apfelstrudel. Den beherrschte sie selbstverständlich perfekt, obwohl sie erst 15 Jahre alt war. Damit beeindruckte sie nicht nur ihre Arbeitgeber, sondern auch die internationalen Gäste bei Hausempfängen.

Jedes Mädchen lernte nicht nur den Teig hauchdünn auszuziehen, sondern ihn vorher auch zu schlagen, bis er Blasen wirft. Die Köchin Luise, von der im zweiten Kapitel schon die Rede war, legt dabei Wert auf die richtige Handbewegung. Sie hält den Teig ständig in der Hand, während sie ihn auf die Arbeitsfläche schlägt, dreht ihn aber nach jedem Schlag (in der Hand) ein Stückchen weiter. Es versteht sich von selbst, dass sie dabei niemals die zweite Hand zu Hilfe nimmt. Dies macht sie so lange, bis der Teig glatt und seidig ist und sich leicht von der Hand löst.

Wird nicht lange genug geschlagen, reißt der Teig beim Ausziehen. Erst durch das Schlagen wird der Teig elastisch. Könnerinnen ziehen ihn so dünn aus, dass man eine darunter liegende Zeitung lesen kann.

Haben Sie ein Strudeltuch im Haus? Es ist für die Strudelteigproduktion in den eigenen vier Wänden essentiell. Es soll aus reinem Leinen sein und groß genug, dass es den Tisch bedeckt, auf dem gearbeitet wird. Ohne Tisch geht es nicht, denn wer einen Strudelteig zieht, muss von allen Seiten zum Teig gelangen können. Eine Technik, die unbedingt beherrscht werden sollte. Man fährt mit dem bemehlten Handrücken unter den Teig und dehnt ihn vorsichtig. Immer wieder. Dabei bewegt man sich so lange um den Tisch herum, bis er die ganze Fläche bedeckt.

Und nun zur richtigen Apfel-Wahl: Mit süßen Äpfeln schmeckt der Strudel langweilig. Es ist, als ob das Aroma beim Backprozess in sich zusammenfällt. Am besten nimmt man »Strudler«, die früher jede Marktfrau kannte. Es sind leicht säuerliche Sorten wie Maschansker, Kläräpfel, Boskop oder Gravensteiner.
Leider lassen viele die Rosinen heute weg und das alte Sprichwort kehrt sich um: Die Rosinen werden nicht mehr herausgepickt, weil man sie naschen möchte, sondern um sie loszuwerden.

Gegessen wird der Apfelstrudel vorzugsweise warm. Ihn mit einer Kugel Vanilleeis zu servieren, wie es unsere lieben deutschen Nachbarn manchmal tun, geht meiner Meinung nach gar nicht. Genau genommen stört auch Vanillesauce den feinen Geschmack. Einfach mit ein bisschen Staubzucker bestreuen und fertig.

Luises Apfelstrudel

Dieses wunderbare Rezept stammt von einer gelernten Köchin. Es unterscheidet sich in manchen Zutaten von einem herkömmlichen Apfelstrudel. Luise verwendet Haferflocken statt in Butter geröstete Brösel und lässt den Zucker ganz weg. Ich durfte diesen Strudel verkosten und kann versichern, dass er köstlich und unvergleichlich saftig schmeckt.

Als ich Luise nach dem Rezept fragte, entgegnete sie überrascht: »Dafür braucht man doch gar kein Rezept!« Da aber nicht jeder Strudelteig und Apfelfülle nach Gefühl zubereiten kann, hat sich die Köchin die Mühe gemacht und die Zutaten mit Maßangaben versehen.

— Zutaten —

Für den Teig: 250 g Mehl, glatt / etwas Salz / 2 EL Pflanzenöl / 125 ml Wasser, warm / flüssige Butter zum Bestreichen

Für die Fülle: 1 kg geschabte oder blättrig geschnittene saftige Strudeläpfel / 3 EL feinblättrige Haferflocken / Rosinen / Zimt nach Geschmack

— Zubereitung —

1. Mehl salzen und mit Öl und Wasser zu einem glatten Teig verarbeiten. Den Teig schlagen, bis er geschmeidig ist und Blasen wirft. Danach eine Kugel formen und zugedeckt 30 Minuten zugedeckt rasten lassen.
2. Strudeltuch gut mit Mehl bestreuen. Den Teig zuerst mit dem Nudelholz etwas auswalken, dann mit dem Handrücken unter den Teig greifen und behutsam auseinanderziehen. Der Strudelteig sollte so dünn ausgezogen werden, dass er durchscheinend ist.
3. Den ausgezogenen Strudelteig mit der flüssigen Butter bestreichen.
4. Einen etwa 5 Zentimeter breiten Rand freilassen und dann ein Drittel des Teiges zuerst mit den Haferflocken belegen, dann die Äpfel und Rosinen auftragen und zum Schluss mit Zimt bestreuen.
5. Die Ränder seitlich ein wenig über die Fülle schlagen. Mit Hilfe des Strudeltuchs den Strudel einrollen und auf ein gut geöltes Backblech geben.
6. Ca. 45 Minuten bei 180° C bei Ober- und Unterhitze im Backrohr backen.
7. Wer will, kann den fertigen Apfelstrudel vor dem Servieren noch mit Staubzucker bestreuen.

❧ TIPP ❧

Luise rät zu einem wirklich guten und hochwertigen Mehl. Man sollte ein paar Mehle ausprobieren, bis man sein ideales Strudelmehl gefunden hat. Sie ist der Meinung, dass die Auswahl des richtigen Mehles entscheidend dazu beiträgt, dass sich der Teig gut ausziehen lässt.

Schwarzbeernocken

Eine Sennerin aus dem Großarltal, die ab 1943 viele Sommer auf der Alm verbrachte, hat immer schon auf die Zeit gewartet, wenn die Schwarzbeeren reif waren, um ihre Lieblingsspeise, die Schwarzbeernocken, zuzubereiten. Im Prinzip verwendete sie dafür nur Mehl, Milch und Beeren. Eier waren auf der Alm Mangelware, also waren keine im Teig. Butter war reichlich vorhanden, damit wurde also nicht gespart. War Zucker verfügbar, wurde er selbstverständlich verwendet. Oft genug musste ein Stück Würfelzucker reichen. Es wurde mit einem Tuch bedeckt und dann mit dem Nudelwalker zerdrückt, bis es zu Staubzucker zerfallen war. Schwarzbeernocken mit ein wenig Zucker, »das war eine Delikatesse«.

Zutaten

200 g Mehl, glatt / 500 g Schwarzbeeren / ca. 200 ml Milch /
Butter zum Ausbacken / Staubzucker zum Bestreuen

Zubereitung

1. Mehl und Schwarzbeeren gut vermischen. Mit so viel heißer Milch übergießen, dass ein nockerlartiger Teig entsteht, das heißt, man soll mit einem Löffel leicht Nockerl ausstechen können. Je flüssiger die Beeren, desto weniger Milch wird benötigt.

2. In einer Pfanne die Butter erhitzen. Mit einem Löffel Nockerl ausstechen, in das Fett einlegen, flach auseinanderdrücken und auf beiden Seiten goldbraun backen und mit Staubzucker garniert servieren.

❦ TIPP ❦

Auf die gleiche Art kann man auch Apfelnocken (mit dünnblättrig geschnittenen Äpfeln), Zwetschgennocken (mit in Streifen geschnittenen Zwetschgen) oder »Kerschnocken« (mit entsteinten Kirschen) zubereiten.

Schaumomelette

Eier, ein bisschen Mehl, ein bisschen Zucker – mehr ist es nicht und doch ist dieses Omelette nicht ganz so einfach zuzubereiten, wie es den Anschein hat. Zwei Momente gibt es, auf die es ankommt. Zuerst muss man den richtigen Zeitpunkt erwischen, um das Omelette umzudrehen. Außerdem sollte man es vom Herd nehmen, solange es innen noch schön weich ist. Wie kriegt man das hin? Der Rat des Hobbykochs, der dieses Gericht schon von Kindesbeinen an zubereitet: Dabei bleiben und die Pfanne nicht aus den Augen lassen.

Zutaten

2 Eiklar / 2 Eidotter / 2 EL Kristallzucker / 2 EL Mehl, glatt /
Butter für die Pfanne / Staubzucker zum Bestreuen

Zubereitung

1. Eiklar zu festem Schnee schlagen.
2. Eidotter, Zucker und Mehl unterheben.
3. Etwas Butter in einer Pfanne schmelzen. Die Masse hineingeben und langsam ziehen lassen.
4. Wenn sich an der Unterseite eine schöne goldige Farbe gebildet hat, umdrehen. Nur mehr kurz ziehen lassen.
5. Mit Staubzucker bestreut servieren.

Ein »süßes« Kochbuch vom legendären österreichischen Koch Franz Ruhm aus dem Jahr 1933. Es handelt sich um eine Werbeschrift für künstlichen Süßstoff. Man versuchte wohl damals schon Zucker zu vermeiden.

Die Geheimzutat

Erst wenn wir sie nachkochen, merken wir,
dass manche Gerichte eine Geheimzutat haben müssen.
So sehr wir uns auch bemühen, wir kommen
ihr nicht auf die Schliche und die Köchin verrät sie
uns (gewöhnlich) nie.

DIE BERÜHMTESTEN KRAUTFLECKERL DER WELT

sind jene von der Tante Jolesch. Friedrich Torberg setzte ihnen in seinem Buch »Die Tante Jolesch oder der Untergang des Abendlandes in Anekdoten« ein Denkmal. Die gesamte Verwandtschaft der Tante Jolesch liebte ihre Krautfleckerl. So war es kein Wunder, dass es sich jedes Mal blitzschnell herumsprach, wenn die Tante Jolesch das Gericht für den nächsten Sonntag plante. Dann strömten Nichten und Neffen, Cousins und Cousinen aus allen Himmelsrichtungen nach Prag zur Tante, um die himmlischen Fleckerl zu genießen. Auf der Fahrt verzichteten alle sogar auf kleine Zwischenmahlzeiten, um nur ja einen gehörigen Appetit zu entwickeln.

Als die Tante Jolesch auf dem Sterbebett lag und sich die Verwandten zum Abschied um sie versammelt hatten, wagte ihre Lieblingsnichte die Frage: »Tante, ins Grab kannst du das Rezept ja doch nicht mitnehmen. Willst du es uns nicht hinterlassen? Willst du uns nicht endlich sagen, wieso deine Krautfleckerl immer so gut waren?« Tante Jolesch richtete sich mit letzter Kraft ein wenig auf und verriet ihr Geheimnis: »Hab immer ein bisserle zu wenig davon gemacht!«

Eine Bäuerin aus Altirdning im Ennstal hat weder Friedrich Torberg noch die Tante Jolesch gekannt. Wenn sie aber von den hausgemachten Würsteln erzählte, die es in ihrer Jugend am Ostersonntag zum Frühstück gegeben hat, geriet sie so ins Schwärmen wie die Verwandten der Tante Jolesch über die Krautfleckerl. Niemals mehr danach hätten Würstel so gut geschmeckt, wie jene hausgemachten Osterkrainer. Sie konnte es sich selbst nicht erklären, aber in ihrer Erinnerung war der Geschmack unübertrefflich.

In der Jugend dieser Frau ist die Fastenzeit vor Ostern strikt eingehalten worden. Ab Aschermittwoch wurde kein Fleisch mehr gegessen. Dazu kam, dass der Karfreitag ein überaus strenger Fasttag war, an dem man sich nur einmal satt essen durfte. Alle warteten auf den Ostermorgen, an dem endlich wieder Fleisch erlaubt war. Man sagt »Hunger ist der beste Koch«, genauso könnte es in diesem Fall heißen »Vorfreude ist der beste Koch«. Die Vorfreude auf die Osterwürstel ließen sie vielleicht besser schmecken, als sie tatsächlich waren.

> Man sagt »Hunger ist der beste Koch«, genauso könnte es in diesem Fall heißen »Vorfreude ist der beste Koch«.

Wir versuchen oft vergeblich die Lieblingsspeisen unserer Kindheit nachzukochen. Immer scheint es, fehlt eine Geheimzutat, irgendetwas, das die Speisen wieder so schmecken lässt, wie wir sie in Erinnerung haben. Der Dichter H. C. Artmann wuchs in ärmlichsten Verhältnissen in der Wiener Vorstadt auf. Seine Mutter Marie kochte wunderbar. Vor allem das »einzig original spezial-erdäpfelgulasch der familie artmann« ist ihm in Erinnerung geblieben. Ein simples Gulasch, das nur aus speckigen Erdäpfeln, Zwiebeln, Bauchfilz, Paprika und Salz bestand. Artmann hat das Gulasch nachgekocht, hat es sogar als poetische Kochanleitung in einem seiner Bücher festgehalten, dennoch ist es ein Gericht, das von der Erinnerung lebt. Solche Gerichte versetzen einen in die Kindheit und doch schmecken sie irgendwie nie mehr so wie damals.

ECHTE GEHEIMZUTATEN BLEIBEN GEHEIM.

Manchmal werden sie erst nach vielen Jahren Unbeteiligten verraten, so wie in diesem Fall. Die betreffende Dame, eine hervorragende Köchin, pflegte jedes Jahr im Winter für drei bekannte Ehepaare einen Bauernschmaus zuzubereiten. Besonderen Anklang fand immer ihr Sauerkraut. »Nirgends ist das Kraut so gut wie bei dir! Wie machst du das?«, fragten die Frauen. Aus taktischen Überlegungen gab die Köchin nur ein Detail preis: Es ist die Suppenwürze, die sie hinzufügt. Das war nicht falsch, aber auch nicht die ganze Wahrheit. Extra fürs Sauerkraut hatte sie immer einen Becher Bratenfett beim Fleischhauer besorgt. Das war die Geheimzutat, die sie damals nie verraten

Es gibt auch Gewürze, die den feinen Unterschied machen: Man schmeckt sie zwar oft kaum heraus, lässt man sie aber weg, fehlt etwas.

hätte. Denn die anderen Frauen waren sehr figurbewusst und hätten das Kraut unter diesen Umständen womöglich verschmäht. Die Dame erklärte mir im Nachhinein: »Fett ist halt ein Geschmacksträger und schmeckt so gut! Und was ist schon ein Becher Bratenfett bei zwei Kilo Sauerkraut?«

Es gibt Köchinnen, die schwören auf einzelne Zutaten. Niemals kann das Gericht ohne sie wirklich gelingen. Ja, es mag schon sein, dass man diese weglassen oder ersetzen kann, aber das ist immer nur die zweitbeste Variante.

Nehmen wir die Semmelknödel. Eine sehr erfahrene Köchin aus Graz rät eindringlich, nur ja kein fertig abgepacktes Knödelbrot zu verwenden. Sie kauft stets frische Semmeln beim Bäcker, nicht beim Diskonter, lässt sie ein wenig altbacken werden und schneidet sie dann in Würfel. Egal wie viele Knödel auch gemacht werden, das Knödelbrot wird selbst geschnitten. Semmelbrösel werden erst recht nicht gekauft: »Kein einziges Bröserl!« Sie lässt die Semmeln hart werden und reibt sie dann per Hand mit dem Reibeisen. Denn man weiß ja nie, was in den gekauften Bröseln alles verarbeitet ist.

Sie ist sich ganz sicher, dass das den Unterschied macht. Der Schnitzelkoch Österreichs, Markus Brunner vom Restaurant Figlmüller in Wien, gibt ihr recht. Brösel sollten unbedingt ausschließlich aus alten Kaisersemmeln bestehen, da diese einen höheren Anteil an Rinde haben als Weißbrot und deshalb einfach besser schmecken.

Es gibt auch Gewürze, die den feinen Unterschied machen. Man schmeckt sie zwar oft kaum heraus, lässt man sie aber weg, fehlt etwas. Dazu zählen Gewürznelken und die Muskatnuss. Wer einfache Nockerl mit und ohne eine Prise geriebener Muskatnuss probiert hat, wird nicht mehr darauf verzichten wollen. Muskatnuss ist eines jener Gewürze, die sowohl Süßspeisen als auch Kartoffeln, Gemüse und sogar Béchamelsaucen für Lasagne mit ihrem warmen, leicht süßlichen Aroma verändern.

Es wäre den Versuch wert, einmal eine klassische österreichische Paradeissoß – hier sei die alte Schreibweise verwendet – mit einem Hauch Gewürznelken zu versehen. Beim Kochen geben die »Nagerl«, wie sie auch liebevoll genannt werden, ätherische Öle ab. Vorsichtig dosiert (und nach dem Kochen wieder entfernt) geben sie der Paradeissoß das gewisse Etwas.

Eine wirklich geheime »Zubereitung« hatte die Sennerin einer steirischen Alm für sich entdeckt. Zu der Zeit, als auf den Almen noch Butter hergestellt wurde, war es üblich, die Butter in Modeln zu formen oder mit geschnitzten Butterrollern zu verzieren.

Eines Tages nun fragte ein Wanderer die ältere Sennerin, ob sie auch Butter habe. Ja, ja, antwortete

Beim Kochen geben die »Nagerl«, wie sie auch liebevoll genannt werden, ätherische Öle ab.

die Frau, sie hätte schon eine. Sprach's und verschwand für längere Zeit. Irgendwann dauerte es dem Gast zu lang und er beschloss, nachzusehen. Da die Tür etwas offen stand, warf er einen Blick in den Raum. Er sah die Sennerin eifrig ein Butterstück bearbeiten. Sie hatte dafür ihre dritten Zähne aus dem Mund genommen und war gerade dabei, diese immer wieder in die Butter zu drücken. Ihr Plan war wohl, es den anderen Sennerinnen gleichzutun und auch eine schön verzierte Butter zu servieren.

Wo ist hier die Geheimzutat? Wer Kurrent lesen kann, wird entdecken, dass hier ein süßer Strudel mit reichlich Grammeln zubereitet wird. Angeblich sollen Mehlspeisen mit Grammeln hervorragend geschmeckt haben!

Altösterreichische Paradeissoß

Schon die Schreibweise »Soß« ist altösterreichisch und das Rezept ebenso. Es stammt von einer Grazer Hausfrau, einer Kennerin der klassisch-österreichischen Küche. Die wichtigste Zutat, mit der das ganze Gericht steht oder fällt, sind frisch geerntete aromatische Paradeiser. Man könnte sie natürlich durch fertig gekaufte passierte Tomaten ersetzen, aber das wäre eine absolute Notlösung.

Im Sommer sind die Paradeiser oft so süß, dass man den Zucker weglassen kann. Diese Soß passt zu gefüllten Paprika und zu gekochtem Rindfleisch, aber auch ganz simpel zu einem guten Erdäpfelschmarren.

Zutaten

1 ½ kg Paradeiser, vollreife / evtl. 30 g Zucker / 80 g Butter oder Pflanzenöl / 80 g Mehl / 2–3 Gewürznelken / Salz

Zubereitung

1. Paradeiser halbieren und mit etwas Wasser verkochen. In der flotten Lotte passieren oder im Mixer pürieren.

2. Evtl. Zucker in Fett hellgelb karamellisieren. Mit Mehl stauben, passierte Paradeiser und Gewürznelken dazugeben und 15–20 Minuten köcheln lassen. Gewürznelken entfernen, mit Salz abschmecken.

❧ TIPP ❧

Dieses Rezept eignet sich hervorragend zum Einrexen. So kann man den Geschmack des Sommers festhalten!

Besonders mürbe Salzstangerl

Dieses Rezept stammt von der Wirtin einer burgenländischen Uhudler-Schenke. Die Salzstangerl sind dank des raffinierten Teiges außen knusprig und innen saftig. Statt Butter kommt Schlagobers hinein und der Sauerrahm gibt die pikante Note. Das Tüpfelchen auf dem i ist ein Hauch Zucker, den man nicht herausschmeckt, aber doch für eine feine Note sorgt.

Zutaten

1 kg Mehl / 2 Pkg. Trockengerm / 1 TL Salz / 1 EL Zucker /
250 ml Milch / 250 ml Schlagobers / 250 ml Sauerrahm

Zum Bestreichen und Bestreuen: 1 Ei / 1 EL Milch / grobes Salz / Kümmel oder Sesam, ganz

Zubereitung

1. Mehl mit Trockengerm, Salz und Zucker vermengen.
2. Milch, Schlagobers, Sauerrahm zum Mehl geben und mit der Hand oder mit den Knethaken des Mixers zu einem glatten Teig verarbeiten. Ca. 30 Minuten gehen lassen.
3. Den Teig oval auswalken und in 8 oder 12 Teile trennen, je nachdem wie groß die Salzstangerl werden sollen. Jedes Teil von der breiten Seite her zu Stangerl aufrollen und erneut etwa 10 Minuten gehen lassen.
4. Ei und Milch verquirlen und damit die Stangerl bestreichen. Nach Belieben mit Salz und Kümmel oder Sesam bestreuen. Bei 200° C, Ober- und Unterhitze, ca. 15 Minuten goldgelb backen.

Vom Abschmalzen und Auslassen

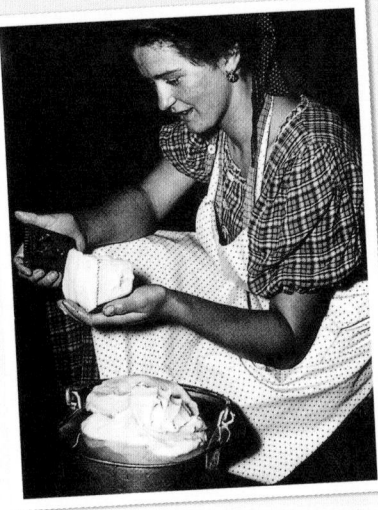

Fett ist heute eine Problemzone – nicht nur am Körper, sondern auch in der Pfanne. Seit es gutes und böses Fett gibt, stehen wir Konsumenten vor der Glaubensfrage, für welches der vielen Fette und Öle wir uns entscheiden. Früher war es einfacher. Fett sollte vor allem eines: satt machen.

ES STAUBT
BEI DEN OHREN HERAUS

– so sagte man früher, wenn eine Speise nicht fett genug war. Ein Kompliment war hingegen: »Heute hast so schmalzig gekocht!« Dann war die Speise nicht »trocken«, was zum Schlimmsten gehörte, das man einer Mahlzeit nachsagen konnte.

Dazu eine Geschichte: Auf einem Mühlviertler Bauernhof war Essenszeit. Familienmitglieder, Mägde und Knechte unterbrachen ihre Arbeit und setzten sich hungrig zum Tisch. Es wurden unter anderem »zwiegspitzerte« Nudeln aus Erdäpfelteig (siehe S. 69) – eine Mühlviertler Spezialität – serviert. Mit »Nudeln« sind in diesem Fall keine Teigwaren im herkömmlichen Sinn gemeint, sondern fingerdicke, gerollte Teigstücke. »Zwiegspitzert« wurden sie nach ihrer an beiden Enden spitz zulaufenden Form genannt. Die Nudeln wurden nun also verkostet und, wie man so schön sagt, sie staubten aus den Ohren heraus. Statt sich zu beklagen, nahm einer der Männer eine Nudel, ging mit ihr zur Tür, öffnete diese und legte die Nudel innen an den Türstock. Nun hielt er die Tür so, als ob er sie gleich zuschlagen wollte, und sagte drohend zur Nudel: »Jetzt schwör's, hast du jemals ein Fett gesehen oder nicht?« Die Nudel hat gewiss nicht geantwortet, aber die fettsparende Bäuerin war blamiert.

Warum war Fett so wichtig? Fett ist, wie wir wissen, ein Geschmacksträger. Ein ganz und gar magerer Braten wird niemals den Geschmack von mit Fett durchzogenem Fleisch haben und jede Sauce schmeckt mit ein wenig Fett doppelt so gut.

Jeder, der schon einmal eine Diät gemacht hat, weiß, dass sich ganz ohne Fett nur schwer ein Sättigungsgefühl einstellt. Genau das ist der Punkt, der früher so wichtig war. Denn keine Bäuerin wollte sich nachsagen lassen, dass ihr Gesinde hungrig vom Tisch aufstehen musste. Wer bei Fett sparte, sparte am falschen Ort.

Mit »Nudeln« sind in diesem Fall keine Teigwaren im herkömmlichen Sinn gemeint, sondern fingerdicke, gerollte Teigstücke. »Zwiegspitzert« wurden sie nach ihrer an beiden Enden spitz zulaufenden Form genannt.

Im steirischen Stanzertal gab es eine Bäuerin, die dafür bekannt war, sehr fettarm zu kochen. Der Hintergedanke war in diesem Fall weniger die Gesundheit als die Sparsamkeit. Im Endeffekt kam ihr aber der reduzierte Fettverbrauch teuer zu stehen. Es wurde mehr gegessen als anderswo, weil aufgrund des fehlenden Fettes das Sättigungsgefühl später oder gar nicht eintrat. Bald sprach es sich im ganzen Ort herum: Dort gibt's immer zu wenig! Der Hof hatte deshalb Mühe, gute Dienstboten zu bekommen. Hätte die Frau ihr kostbares hausgemachtes Schmalz großzügiger eingesetzt, wäre es ihr im Endeffekt billiger gekommen.

Was früher klar war, muss heute erklärt werden: Warum war Schmalz im Bauernhaus so kostbar? Es stammte in der Regel vom hauseigenen Schwein. Geschlachtet wurde nur zu Weihnachten und zu Ostern. Die Sau wurde vor dem Schlachttermin von der Bäuerin mit bestem Futter verhätschelt und gemästet. Ziel war es, eine möglichst dicke Fettschicht zu erzeugen, aus der Speck und Schmalz gewonnen werden konnte. Der Schmalzkübel im Keller durfte auf keinen Fall vor dem nächsten Schlachten leer werden. Er sicherte die Versorgung und manchmal sogar das Überleben der Familie.

ALS GRADMESSER FÜR EINE GUTE KÖCHIN GALT:

Wenn's zischt, dann passt's. Gemeint ist damit das Prasseln der heißen Grammeln, wenn sie auf das Sauerkraut gegossen werden. Das Sauerkraut, ein Grundnahrungsmittel im bäuerlichen Leben, wurde durch das Fett aufgewertet. Das war im eher kargen Speiseplan eine willkommene Abwechslung.

In der Gegend um Sarleinsbach im Mühlviertel hieß es: Wenn du das Zischen vom »Krautgmacht« – so nennt man dort die heißen Grammeln zum Abschmalzen von Sauerkraut – von der Küche bis in die Stube hörst, dann wird es ein »gscheites« Kraut. Diese Bäuerin beherrscht ihr Handwerk.

Nun, eines Tages saßen die Dienstboten an eben diesem Hof bei Tisch und warteten auf das Essen. Da hörten sie es von der Herdstelle her gewaltig zischen. An sich ein gutes Zeichen, denn hier wurde wahr-

scheinlich eine große Menge heißer Grammeln übers Sauerkraut gegossen. Einem der Männer schien das Geräusch doch leicht übertrieben und er beschloss seinem Instinkt nachzugehen. Er ertappte die Bäuerin dabei, wie sie gerade einen glühenden Schürhaken, mit dem man das Feuer schürte, ins Kraut drückte. Hier ging das Abschmalzen gründlich daneben!

Das schöne alte Wort »Machat«, »Gmacht« oder »Machet« ist in Teilen Oberösterreichs und Kärntens noch bekannt. Darunter versteht man Schweinefett oder Grammelschmalz beziehungsweise zerhacktes, gepökeltes Fleisch, ähnlich dem Verhackert. All diese Worte mit den Endungen -ert und -et stammen noch aus germanischer Zeit. Wie viele andere Bezeichnungen in der bäuerlichen Kultur blieben sie fast unverändert lange bestehen. Erst heute verschwinden sie langsam, vielleicht auch, weil Fett und Schmalz aus der Mode gekommen sind.

In unserer Sprache finden sich noch heute Reste aus einer Zeit, als das Essen umso besser war, je mehr Fett dazugegeben wurde. Man sagt heute noch »Das ist ein geschmalzener Preis«, wenn man meint, dass der Preis zu hoch ist, etwas zu teuer ist.

Vom »Abschmalzen« als kulinarischen Vorgang hingegen hört man kaum noch etwas. Darunter versteht man die Zugabe von heißem Fett oder das Schwenken in Fett kurz vor Fertigstellung einer Mahlzeit. Abgeschmalzen werden konnte früher fast jedes Gemüse, aber auch Nockerl, Nudeln und Knödel, sogar Suppen und natürlich der gute steirische Sterz.

Nach Jahrzehnten der Fett-Hysterie von Low-Fat und No-Fat wurde fast vergessen, dass man Fett, in dem Fall Schmalz, essen »darf« und dass es sogar richtig gut schmeckt. Allerdings sollte man gerade bei jeder Art von Fett auf allerbeste Qualität achten. Eine Bäuerin erklärt es so: »Fett ist ein Geschmacksträger. Deshalb schmeckst du auch im Speck sofort, wie das Tier gefüttert worden ist. Der Speck von Tieren aus Großbetrieben schmeckt ganz anders als der von kleinen Betrieben. Diese Geschmacksveränderung merkst du bei den Grammeln und beim Schmalz viel stärker als beim Fleisch.« Sie selbst, die keine Schweine mehr hält, kauft den rohen Speck nur bei benachbarten Bauern, von denen sie die Art der Tierhaltung und Fütterung kennt. Den lässt sie zu Grammeln und Schmalz aus. Grammeln sind nichts anderes als das, was übrig bleibt, wenn man würfelig geschnittenen Schweinespeck »auslässt«, also bei niedriger Temperatur ausbrät. So erhält sie winzige, knusprige Grammeln. Sie ist der Meinung, dass diese kleinen Grammeln eigentlich unbezahlbar sind, weswegen sie auch nur sehr selten angeboten werden. In den Supermärkten und in den Fleischereien werden

Grammeln sind nichts anderes als das, was übrig bleibt, wenn man würfelig geschnittenen Schweinespeck »auslässt«, also bei niedriger Temperatur ausbrät.

große Grammeln angeboten, die noch viel Schmalz enthalten und dadurch auch mehr Gewicht haben. »Die könntest du eigentlich noch einmal auslassen. Aber wer zahlt den Preis für völlig ausgebratene, kleine Grammeln?«

DAS SCHMALZBROT GEHÖRT MITTLERWEILE ZU DEN BEDROHTEN ARTEN.

Die meisten Leute wissen weder, wie genau Schweineschmalz gewonnen wird, noch wie man es in der Küche verwendet. Abgelehnt wird es aber trotzdem und von vielen sogar als minderwertiges Produkt betrachtet.

Eine meiner Gesprächspartnerinnen, eine leidenschaftliche Köchin, betrachtet gutes Schmalz als Delikatesse. Sie kauft es nur beim Stadtbauernmarkt in Graz, wo ausgewählte Bauern ihre Produkte direkt vertreiben. Dort, sagt sie, gibt es genau die Qualität, die sie sucht. Gleich nach dem Kauf gibt es daheim gleich ein Schmalzbrot mit etwas Salz und einem Hauch von Senf: »Das schmeckt so gut!«

Diese Dame erinnert sich, dass sie als Kind Schmalzbrot mit Salz, Kümmel und Paprikapulver geliebt hat – sie nannte das bunte Brot »Kuddelmuddelbrot«. Eine Köstlichkeit ihrer Kindheit war auch gebähtes Brot mit Schmalz. Dafür legte sie eine Brotschnitte auf die damals üblichen Dauerbrandöfen. So wurde das Brot hart und die Rinde knusprig. Es wurde mit Knoblauch eingerieben, dünn mit Schmalz bestrichen und gesalzen.

»Ich bin von Jugend an ein Schmalzbrotesser, ich komme aus Verhältnissen, in denen ein Schmalzbrot eine wunderbare und vollwertige Nahrung war. Wenn Sie mich nach meiner Lieblingsspeise fragen: Eigentlich esse ich auch heute noch am liebsten ein Schmalzbrot.« Das sagte der ehemalige ÖGB-Chef und Nationalratspräsident Anton Benya im Jahr 1988. Es war die Zeit, in der das Schmalzbrot schon etwas in Verruf geraten war. Es galt als Arme-Leute-Kost und als etwas unfein.

Dennoch war Schmalz zu dieser Zeit noch ein

beliebtes Back- und Bratfett. Es wäre in vielen Haushalten undenkbar gewesen, Backhendl oder Wiener Schnitzel nicht in Schweineschmalz »herauszubacken«. Schmalz hat einen besonderen Geschmack und lässt sich nicht immer durch Butter oder Öl ersetzen. Außerdem wird das Backgut durch das Schmalz besonders resch, da es hoch erhitzbar ist. Außerdem ist Schmalz keinesfalls ungesund: Es besteht zu 60 Prozent aus ungesättigten Fettsäuren, davon 10 Prozent sogar mehrfach ungesättigt.

Lange konnte man in den Fleischereien ohne Extrabestellung Filz und rohen Speck bekommen, aus denen die Hausfrauen Grammeln und Schmalz selbst herstellten. Der Geruch des ausgelassenen Bauchspecks durchdrang ganze Stiegenhäuser und war ein sicheres Zeichen dafür, dass es bald warme knusprige Grammeln zur Jause geben würde.

Zu teuer für die meisten Haushalte war hingegen das Rindsschmalz, besser bekannt als Butterschmalz. Mit Butter und Butterschmalz wurde dort gekocht, wo die Milchwirtschaft eine große Rolle spielte, also vor allem im bäuerlichen Bereich. Die Arbeiterhaushalte in den Städten kochten mit Ölen oder mit Schweineschmalz. Auch Margarinen waren günstig. Jeder, der sparte, verwendete sie ab den 1960er-Jahren als Streichfett und zum Backen. Im Zuge der Cholesterin-Diskussionen in den 70ern kam sie dann auch deshalb zum Einsatz, weil man der Meinung war,

Der Geruch des ausgelassenen Bauchspecks durchdrang ganze Stiegenhäuser und war ein sicheres Zeichen dafür, dass es bald warme knusprige Grammeln zur Jause geben würde.

Margarine wäre gesünder als tierische Fette. Auch meine Mutter und meine Großmutter begannen, in Kuchenrezepten die Butter automatisch durch Margarine zu ersetzen.

Die Geschichte der Margarine begann unappetitlich: Im Auftrag Napoleons, der billigen Butterersatz zur Versorgung seiner Truppen suchte, stellte ein Chemiker aus Rindertalg und Magermilch ein streichfähiges Speisefett her. Rindertalg kommt heute in Margarine nicht mehr vor, dafür aber künstlich gehärtete Pflanzenfette, also Transfette, die, wie wir heute wissen, ungesünder, ja sogar schädlicher sind als das natürliche Fett von Butter und Schmalz.

DIE ESSENZ DER BUTTER IST BUTTERSCHMALZ.

Für die Herstellung braucht man allerdings Zeit und Geduld. Frische Butter köchelt bei niedriger Temperatur so lange langsam vor sich hin, bis das gesamte Wasser verdampft ist und das geronnene Eiweiß sich als feiner Bodensatz festgesetzt hat. Übrig bleibt das reine, geläuterte Fett, das kühl gelagert durchaus mehrere Jahre haltbar ist.

Viel Butterschmalz im Keller oder im »Kasten«, also im Vorratshaus, war ein Zeichen von Reichtum. Es bedeutete, dass man viele Kühe besaß, aus deren Milch man Butter und Butterschmalz erzeugen konnte. Aus 20 Liter Rohmilch lässt sich ca. 1 Kilogramm Butter herstellen, daraus wiederum nur 700 Gramm Butterschmalz. Stolz wurden Besucher in die Vorratskammern geführt, wo ihnen neben dem Butterschmalz auch das hausgewebte Leinen und die Vorräte präsentiert wurden.

Jeder freute sich schon auf die Herstellung des Butterschmalzes, denn zwei »Abfallprodukte«, der Bodensatz und der Schaum, waren begehrte Delikatessen. Der feine Bodensatz wurde auch »Läutrach« genannt. Er enthält Eiweiß und Milchzucker und – vermischt mit dem abgeschöpften Schaum – war ein köstlicher Brotaufstrich. Goss man das »Läutrach« mit Milch auf und kochte darin Mehl oder Grieß ein, erhielt man ein »Läuterkoch«.

Der Schaum, der während des ganzen Vorgangs immer wieder abgeschöpft werden musste, war eine köstliche Zutat zu verschiedenen Pfannenspeisen. Im Großarltal etwa, wo dieser Schaum »Foam« genannt wird, bereitete man damit roggene Nocken zu, die so zu »Foamnocken« wurden.

☙

Ist es Zufall, dass dieser Schaum »Foam« genannt wird, also die gleiche Bezeichnung trägt wie das Wort »Schaum« im Englischen? Tatsächlich haben beide die gleiche Wurzel und leiten sich vom Westgermanischen ›faimo‹ ab. Noch im Mittelhochdeutschen kennt man bei uns das Wort »veim« für Schaum, bis es später nur mehr in Dialekten, zum Beispiel im Großarltal, überlebt hat.

Die Butter selbst wurde früher zum größten Teil auf den Almen hergestellt, weil dort die Sommerweide für den gesamten Viehbestand war. Einmal in der Woche wurde die Butter geholt oder die Sennerin trug sie selbst ins Tal. Im Ausseerland geriet der wöchentliche Transport der Almprodukte zum kleinen Fest. Die Sennerin trug dabei ein schönes Dirndlgwand, denn es war ehrenvoll, die kostbare und schöne Butter daheim zu präsentieren. Hoch erhobenen Hauptes ging sie dabei allein schon deshalb, weil sie einen großen Korb mit den Almprodukten, das »Fachtl«, auf dem Kopf trug.

Der Begriff »schöne Butter« war früher auf den

Almen allgegenwärtig. Darunter versteht man zunächst die Farbe. Schön gelb wird die Butter, wenn die Sennerin sich Mühe gibt, ihr Vieh zu den besten

Stolz wurden Besucher in die Vorratskammern geführt, wo ihnen neben dem Butterschmalz auch das hausgewebte Leinen und die Vorräte präsentiert wurden.

105

Weiden zu treiben. Frisches Gras enthält Carotinoide, die die Butter gelblich einfärben. Ein »junges Graserl« im Juni und Juli färbt die Butter viel gelber als das Gras im August und September. Im Winter, wenn die Kuh nur mehr Kraftfutter oder Heu frisst, dann ist die Butter eher weiß gefärbt.

Unter einer »schönen Butter« verstand man aber auch eine im Holzmodel, oder mit anderen Hilfsmitteln verzierte Butter. Sie war die Visitenkarte einer fleißigen und tüchtigen Sennerin. Kam ein Gast, wurde ihm Butter und dazu ein Laib Brot vorgesetzt, mit der Aufforderung, sich zu bedienen. Es war gute Sitte, beim Herunterschneiden vom verzierten Butterstück nicht mutwillig die Ornamente zu zerstören, sondern sie nur Schnitt für Schnitt zu reduzieren. Dick aufs Brot streichen durfte man sich die gute Butter aber auf jeden Fall, gerne auch einen Zentimeter dick!

Selbst gemachte Grammeln und Schmalz

Warme frische Grammeln mit dem Löffel gegessen zu einer Scheibe Brot ... diese Köstlichkeit lässt sich nicht kaufen. Allein dafür lohnt es sich, Speck selbst auszubraten.

Auf den Bauernhöfen wurde früher nicht nur mit dem Schmalz, sondern auch mit den Grammeln streng gehaushaltet. Schmalz war mindestens so kostbar wie das (geselchte) Fleisch.

Zutaten

1 kg Rückenspeck, roh / 100 ml Wasser

Zubereitung

1. Den Speck von der Schwarte ablösen und von den Fleischresten befreien.
2. Die Grammeln in circa 1 x 1 Zentimeter große Würfel schneiden. Wer besonders feine Grammeln möchte, sollte sie faschieren.
3. Leicht gesalzenes Wasser in einen großen Topf oder in eine Pfanne geben. Es verhindert, dass sich die Grammeln am Boden anlegen. Die Speckwürfel zugeben und langsam auf kleiner Flamme und unter häufigem Rühren auslassen. Die Grammeln ausbraten, bis sie braun und schön knusprig sind und das Schmalz klar ist. Die Grammeln abschöpfen oder durch ein Küchensieb abgießen. Das Schweineschmalz in eine hitzebeständige Form gießen und an einem kühlen, dunklen Ort aufbewahren.
4. Die fertigen Grammeln auf einer Küchenrolle trocknen lassen, in verschließbare Gefäße füllen und kühl aufbewahren.

❧ TIPP ❧

Je öfter man die Grammeln rührt, desto besser und knuspriger werden sie. Möchte man das Schmalz sehr weiß haben, sollte man die Grammeln nicht allzu dunkel bräunen lassen.

Warmer Endiviensalat

Grüner Salat mit warmer Speck-Essig-Marinade ist ein herrliches Abendessen. Der bittere Geschmack des Endiviensalates harmoniert in diesem Rezept perfekt mit dem warmen, knusprigen Speck. Der angebratene Speck wird mit Essig abgelöscht und die Marinade noch warm über den Salat gegossen. Das Rezept ähnelt dem warmen Krautsalat. Dort, wo es gebräuchlich ist, etwa in der Süd- und Oststeiermark, war es aber keine Beilage, sondern mit einer Scheibe Bauernbrot eine eigenständige Mahlzeit.

Schade, dass diese einst sehr beliebte Speise heute in Vergessenheit geraten ist. Dabei ist das Rezept fast international. Mit Löwenzahnblättern kennt man es in Frankreich als *Pissenlits au lards* und im Friaul als *Tale o cu lis frìcis*.

Zutaten

1 Häuptel Endiviensalat / 200–300 g Selchspeck / 2 EL Apfelessig / Salz

Zubereitung

1. Den Salat waschen, trocknen, nudelig schneiden und in einer Salatschüssel anrichten.
2. Speck kleinwürfelig schneiden und in einer Pfanne auslassen, bis knusprige Speckgrammeln entstehen. Das dabei entstandene Schmalz in der Pfanne belassen.
3. Grammeln vorsichtig mit Essig ablöschen, salzen und die Mischung heiß über den Salat gießen.

❧ TIPP ❧

Den Selchspeck kann man auch durch Grammeln ersetzen, die man in wenig Öl knusprig brät!

HIER WIRD SPECK ZU
GRAMMELN GESCHNITTEN, DIE
SPÄTER AUSGELASSEN WERDEN.

Mühlviertler Schweinsbraten mit Mehlknödeln

»So haben wir den Schweinsbraten früher gemacht«, versicherte mir die Dame, von der ich dieses Rezept habe. Sie macht es heute noch so und »alle sind ganz begeistert!«.

Das Besondere an diesem Rezept ist, dass das Fleisch vor dem Braten in Scheiben geschnitten wird. Ganz wichtig: Es muss Bauchfleisch sein! Durch das Fett bleiben die Stücke saftig und jede Scheibe bekommt eine wunderbare »Bratl-Farbe«. Das ist nicht der Fall, wenn das Fleisch im Ganzen gebraten und erst danach aufgeschnitten wird.

Dazu gibt's – typisch mühlviertlerisch – Mehlknödel. Die Knödel sind ein Familienrezept der »Ölleroma« aus Sarleinsbach. Sie schwört auf den Geschmack ihrer »Kno'n«. Allerdings gibt sie uns den Rat: »Du musst die Masse wirklich lang durchkneten, sodass nichts Mehliges mehr drin ist. Und ganz fest zusammendrücken, sonst werden sie patzig.«

Zutaten

Für den Schweinsbraten: 1 kg Bauchfleisch in Scheiben geschnitten / Salz / Pfeffer, gemahlen / Kümmel, ganz / evtl. Paprikapulver / Knoblauch, zerdrückt

Für die Mehlknödel: 300 g Erdäpfel, mehlig / 300 g Mehl, glatt / ca. 1 TL Salz

Zubereitung

1. Das Fleisch gut mit den Gewürzen einreiben.
2. Das Backrohr auf ca. 180° C, Ober- und Unterhitze, vorheizen. Das Fleisch in eine Rein oder eine andere geeignete Bratform legen, mit etwas Wasser angießen und ins heiße Rohr schieben.
3. Ca. 1 Stunde braten. Gelegentlich mit dem eigenen Saft übergießen.
4. Für die Mehlknödel Erdäpfel mit der Schale kochen, schälen und noch heiß durch die Kartoffelpresse drücken oder stampfen.
5. Mit Mehl und Salz vermengen und mit der Hand sehr gründlich durchkneten.
6. Knödel formen, dabei fest zusammendrücken und in kochendem Salzwasser ziehen lassen, bis die Knödel an die Oberfläche kommen. Bratenstücke mit Knödeln und dem eigenen Saft anrichten.

Innereien –
ein »eigenes« Kapitel

Das Bries ist vielleicht der feinste Teil vom Kalb,
Flecksuppe eine verkannte Spezialität und
der Lungenstrudel eine köstliche Suppeneinlage.
Eine Entdeckungsreise ins »Innere«.

EIGENTLICH MÜSSTEN INNEREIEN DAS TEUERSTE AM TIER SEIN.

Eine bekannte deutsche Fernsehköchin stellte kühn diese Behauptung auf, weil Herz, Lunge oder Nieren im Verhältnis zu Schnitzel- oder Bratenfleisch nur einen sehr geringen Teil ausmachen. Daher wäre es logisch, dass das, wovon es wenig gibt, auch entsprechend teuer ist. Aber das Gegenteil ist der Fall. Innereien sind nicht nur billig und werden oft als wertlos betrachtet, in den meisten Fällen gelangen sie gar nicht in die Geschäfte. Sie werden als Tierfutter verwertet oder gemeinsam mit anderen »Schlachtabfällen« nach Asien exportiert, wo man gerade diese Teile sehr schätzt.

Engagierte Köche und Köchinnen versuchen dem entgegenzusteuern. Man erinnert sich wieder an alte Rezepte und setzt Bries, Kutteln, Nieren und sogar Hirn wieder auf die Speisekarte. Das Motto *From nose to tail* (wörtlich »Von der Nase bis zum Schweif«), also die vollständige Verwertung eines Tieres, stand sogar im Mittelpunkt der Fernsehserie »Ochs im Glas«. Ein Ochs wurde auf der Weide geschlachtet und danach von drei Hobbyköchen komplett verwertet. Alles, von den Gustostücken bis zu den Innereien, wurde in Gläsern konserviert. Es brauchte sage und schreibe 1.500 Rexgläser, bis der 640 Kilo schwere Ochse Carson verkocht war.

Dennoch, in den Fleischtheken der Supermärkte und in den allermeisten Fleischereien ist keine Renaissance der Innereien zu bemerken. Milz, Lunge, Herz, Bries, selbst Nieren bekommt man nur auf Bestellung, weil die Nachfrage fehlt. Einzig die Leber findet noch Absatz. Der Grund? Zum Teil ist es Unwissen und Unsicherheit. Was man noch nie gegessen hat, wird man kaum probehalber kaufen, um es zuzubereiten. Wenn doch, dann fehlt vermutlich grundlegendes Wissen, um die Speise gelingen zu lassen. Nieren sollte man über Nacht ins Milchbad legen, erst danach riechen sie kein bisschen mehr nach der Substanz, die einst in ihnen war. Wer weiß noch, wie man ein Bries putzt, eine Zunge häutet oder was man aus Kutteln machen kann?

Luise kochte in ihrem Grazer Speisehaus in einer Großküche, in der täglich bis zu 1.500 Menschen verköstigt wurden. Man kann davon ausgehen, dass das, was dort gekocht wurde, den breiten Geschmack traf. Selbstverständlich waren auch Innereien auf der Speisekarte. Luise berichtet, dass zum Beispiel gebackenes Bries großen Anklang fand. Die Thymusdrüse des Kalbs ist, richtig zubereitet, eines der feinsten Stücke des Tieres. Luise: »Vom Bries war immer zu wenig

Es brauchte sage und schreibe 1.500 Rexgläser, bis der 640 Kilo schwere Ochse Carson verkocht war.

da!« Gemessen an der Größe eines Kalbs ist das ca. 300 Gramm schwere Bries ja wirklich recht klein und reicht gerade für zwei Portionen. In diesem Fall wird die These der oben erwähnten Fernsehköchin übrigens widerlegt: Wer heute frisches Bries kaufen will, zahlt dafür den stattlichen Preis von mindestens 30 Euro per Kilogramm.

Einst ein Alltagsgericht, heute völlig verschwunden, ist Hirn. Das mag zu einem Teil auch an der BSE-Krise liegen, denn seit dem Jahr 2000 ist der Verkauf von Rinderhirnen verboten. Nicht davon betroffen ist das Hirn von Kälbern und Schweinen. In Luises Speisehaus wurde das klassische Gericht Hirn mit Ei angeboten. Außerdem gab es gebackenes Hirn und Hirnpofesen. Für die Pofesen wurde das Hirn geröstet, zwischen zwei Sandwichscheiben gestrichen, dann das Ganze durch verquirltes Ei gezogen und gebacken. Als Beilage dazu gab es Gemüse, etwa Spinat.

Hirn mit Ei und Hirnpalatschinken wurden in den Haushalten gerne und oft gekocht, allerdings als leichtes Abendessen. In einem handgeschriebenen Kochbuch aus den 1930er-Jahren fand ich außerdem Hirnreis, Hirn in Aspik und Hirnkoteletten.

Ich erinnere mich, dass in meiner Kindheit bei uns zu Hause sogar das Hirn der Hühner gegessen wurde. Wenn ein Huhn geschlachtet wurde, dann kochte meine Mutter aus Kopf, Hals, Füßen und den Innereien eine Suppe. Das ausgelöste winzige Gehirn wurde dann geteilt und auf zwei Löffelchen meiner Schwester und mir je zur Hälfte serviert.

WO GIBT ES NOCH LUNGENSTRUDEL?

Eine der allerfeinsten Suppeneinlagen ist der Lungenstrudel. Er schmeckt noch feiner als Fleischstrudel und war einst neben Suppennudeln, Frittaten, Backerbsen, Grießnockerln und Leberknödeln eine sehr beliebte Einlage in der Rindsuppe. Heute muss man lange suchen, bis man eine Fleischerei findet, die ihn

Hausschlachtung auf einem Bauernhof in Liebenfels in Kärnten. Als Erstes wurden die Innereien entnommen und sofort frisch in der Küche zubereitet.

Alles, was nicht Schnitzel oder Braten ist, wird verschmäht, außer es kommt in Form eines Leber-knödels oder einer Blutwurst daher.

noch anbietet. Will man den Strudel selbst zubereiten, wird's nicht einfacher, denn dann gilt es, sich fein faschierte Lunge zu besorgen.

Ich finde, ohne Innereien sind unsere Suppeneinlagen ein wenig eintöniger geworden. Gerade noch der Leberknödel hat seine Position behauptet. Leberreis gibt es nur mehr selten, Milzschnitten und Markknöderl sind praktisch von den Speiseplänen verschwunden, von Hirnschöberl gar nicht zu reden.

Will man das Rindermark zu den Innereien zählen, gibt es noch Hoffnung, denn Markknochen werden durchaus noch verkauft. Ich fürchte allerdings, dass die Knochen in den meisten Fällen in der Rindsuppe zwar mitgekocht, aber danach entsorgt werden. Dabei entgeht einem das Beste: das Mark als Vorspeise auf getoastetes Brot gestrichen, ein wenig Salz und vielleicht ein Hauch Paprika drauf – herrlich!

Wie ist es möglich, dass sich innerhalb einer Generation das Essverhalten derart geändert hat? Warum sind Lebensmittel, die noch vor Kurzem bei uns üblich waren, plötzlich vom Speiseplan verschwunden? Ich meine, es hängt mit der Art und Weise zusammen, wie wir heute unser Fleisch kaufen: Der Konsument kauft seine Lebensmittel am liebsten schön anonym-industriell abgepackt. Alles, was nicht Schnitzel oder Braten ist, wird verschmäht, außer es kommt in Form eines Leberknödels oder einer Blutwurst daher. Wehe aber es sieht nach Tier aus, dann ist es tabu. Nehmen wir das Beuschel als Beispiel. In Gasthäusern mag es als fertiges Gericht noch hie und

da verkauft werden. Liegen aber Lunge und Herz roh vor uns, dann kommt vielen das Grausen und man will diese Innereien weder verkochen noch essen.

Ekel ist kulturell bedingt. Was dem einen Menschen als abscheulich und ungenießbar erscheint, ist für den anderen eine Delikatesse. Ein beliebtes Beispiel ist die chinesische Küche. Was dort verkocht und gegessen wird – Nudelsuppe mit Schweinedarm, Schlangen am Spieß oder Vogelnestsuppe –, ist uns kulturell fremd und daher graust es uns davor. Umgekehrt ekeln sich die meisten Chinesen vor Käse. Sie halten ihn für vergammelte Milch.

Bei uns gab es früher offensichtlich weniger Scheu, Innereien zu essen als heute. Im Kochbuch der Katharina Prato von 1862 finden sich Dutzende Rezepte für Zunge, Hirn oder Magen. Sie kennt allein sechs Zubereitungsarten für Ochsengaumen und einige Möglichkeiten, einen Schafskopf oder Lammkopf zu kochen. Wir finden sogar ein Rezept für »Euter mit Bröseln« und eins für »gebackene gefüllte Ohren«.

Es scheint, als ob sich in unserem Land Tabus und kulturell bedingter Ekel verschoben haben. Es ist gar nicht so lange her, dass sich viele Menschen in Österreich vor Meeresfrüchten geekelt haben. Mittlerweile ist der Genuss von Muscheln, Shrimps, Calamari und Garnelen bei der breiten Masse angekommen. Innereien dagegen, die die ältere Generation noch wöchentlich auf dem Teller hatten, werden von Jüngeren generell oder teilweise verabscheut.

WIR ESSEN, WAS WIR GEWÖHNT SIND

und uns schmecken (meistens) die Speisen, mit denen wir aufgewachsen sind. Ich erinnere mich: Vor einigen Jahren sah ich vor einem beliebten steirischen Berggasthof vormittags eine alte Frau sitzen

113

und Kutteln schneiden. Sie saß im Gastgarten, vor sich ein Schneidbrett, in der Hand ein scharfes Messer, zu ihrer Linken einige »Fleck«, also gesäuberte und vorgekochte Kuhmägen, und zu ihrer Rechten in einer Schüssel ein Berg fein geschnittener Kutteln. Wir plauderten ein wenig und sie betonte, dass sich diese Arbeit keiner mehr antue, weil der Kuttelfleck so fein geschnitten werden müsse. Weder ihr noch mir grauste vor den – für viele ekligen – Kutteln, weil uns der Anblick einigermaßen vertraut war und wir (vermutlich) beide gerne eine gute Flecksuppe aßen.

Heute ist es eine Frage der Weltanschauung, ob und welche Innereien man isst. Früher war es, besonders am Land, etwas, mit dem man aufgewachsen ist.

Heute ist es eine Frage der Weltanschauung, ob und welche Innereien man isst.

Noch bis vor einigen Jahrzehnten waren Hausschlachtungen von Schweinen in Österreich der Normalfall. Das Erste, das an einem Schlachttag verarbeitet werden musste, waren das Blut und die Innereien. Die Bäuerin oder eine Dirn stand schon mit einer Schüssel bereit, fing das Blut auf und rührte ohne Unterbrechung, damit es nicht stockte, bevor sie es zu Blutwürsten oder einem »Bluttommerl« weiterverarbeitete. Die Innereien wurden sofort entnommen und in die Küche gebracht. Dort beeilte man sich, alles leicht Verderbliche so schnell wie möglich zu verarbeiten. Die Nieren wurden gleich zu sauren Nierndln, einer ersten Jause, verarbeitet. Ein Teil der Leber wurde frisch geröstet und ebenfalls gleich verzehrt, der Rest zu Leberknödeln verarbeitet. Lunge, Herz und Milz wurden zu einem Beuschel verkocht,

die Zunge zum Selchen vorbereitet und der Kopf zu Presswurst verarbeitet.

In Städten wie Wien erinnern Speisen wie das Bruckfleisch an die Schlachttage der Fleischhauereien. Direkt bei der »Schlagbruckn«– heute die Schwedenbrücke – konnte man frische Innereien kaufen. Der Ausdruck »schlagen« war früher die gebräuchliche Bezeichnung für »schlachten«. Zum Alt-Wiener Bruckfleisch zählten Milz, Herz, Bries und Leber und das elegant als Kronfleisch bezeichnete Zwerchfell, außerdem noch die in Ringe geschnittene Aorta, wienerisch zärtlich »Liachtl« genannt. Mit Zwiebeln, Wurzelwerk, Kräutern, ein bisschen Rotwein und Rindsuppe wurde eine gulaschartige Speise bereitet, die gerne zum Gabelfrühstück serviert wurde.

In so manchem Gasthaus bekamen Stammgäste früher zu besonderen Gelegenheiten unter der Hand, aber dafür gratis, ein Spezialgericht serviert: panierte, in Scheiben geschnittene Stierhoden. Es hieß nämlich, die sogenannten »weißen Nieren« dürften offiziell von den Schlachthöfen nicht verkauft werden.

Ganz offiziell hat der steirische Spitzenkoch Richard Rauch heute wieder ab und zu Stierhoden im Angebot. Er nennt sie »Steirische Jakobsmuscheln«. Auch bei einer Veranstaltung in Berlin hat er dieses Gericht serviert. Eine Dame meinte danach, dass diese Muscheln gar nicht nach Meer schmecken würden. Als sie erfuhr, was sie tatsächlich gegessen hatte, war sie – so Rauch – zwar überrascht, aber nicht entsetzt. Angeblich sollen die »weißen Nieren« zart und mürbe und durchaus wohlschmeckend sein.

Gebackenes Bries

Schneeweißes zartes Bries ist eine Delikatesse. Es hat einen feinen, nie aufdringlichen Geschmack. Allerdings muss es gut vorbereitet sein, wobei vor allem dem Wässern große Bedeutung zukommt. Dabei wird das Blut aus dem Bries ausgewaschen, was zwar im Geschmack keinen Unterschied macht, aber dem Bries seine blütenweiße Farbe verleiht.

Nach dem Kochen wird die Haut abgezogen und nun lösen sich die Briesnüsschen oder Briesröschen fast von selbst, das heißt, das zuerst zusammenhängende Stück zerfällt in kleine Teile. Diese können auf vielerlei Art zubereitet werden. Die klassische österreichische Art ist, das Bries zu backen und mit Petersilerdäpfeln zu servieren.

— Zutaten —

300 g Kalbsbries / etwas Weißwein / 1 Lorbeerblatt / 4 Pfefferkörner / Salz

Zum Panieren: Mehl, glatt / 1 Ei / Semmelbrösel / Butter oder Butterschmalz zum Backen

— Zubereitung —

1. Bries in kaltem Wasser 1 Tag gut wässern, dabei mehrmals das Wasser wechseln.
2. Mit frischem, kaltem Wasser, etwas Weißwein, Lorbeerblatt, Pfefferkörnern und Salz zustellen und zugedeckt auf kleiner Flamme 30–40 Minuten ziehen lassen.
3. Im Kochsud auskühlen lassen.
4. Haut abziehen, in »Roserl« zerteilen und sauber putzen, auch die feinen Häute entfernen.
5. Mit Mehl, Ei und Brösel panieren und bei mäßiger Hitze in Fett backen.

⚜ TIPP ⚜

Das gebackene Bries wird klassisch mit Petersilerdäpfeln oder Erdäpfelsalat serviert.

Flecksuppe

Diese Suppe schmeckt wirklich gut! Das muss man extra für jene betonen, die sich sonst nie an einen gekochten Kuhmagen heranwagen würden. Es ist ein bewährtes traditionelles Gericht, das sogar dem Thymian seinen volkstümlichen Namen »Kuttelkraut« gegeben hat.

Kutteln, in der Steiermark sagt man »Fleck«, sind der Vormagen vom Kalb oder vom Rind. In Frankreich und

in Italien, wo sie sogar in der berühmten Mortadella enthalten sind, sind Kutteln gebräuchlicher als bei uns. Das Um und Auf einer guten Flecksuppe sind sehr fein nudelig geschnitttene Kutteln. Wenn man Glück hat, bekommt man vorgekochte und bereits geschnittene Kutteln in ausgesuchten Fleischereien. Andernfalls heißt es selber schneiden!

Zutaten

500 g Kutteln, geputzt / 1 l Wasser / 1 Lorbeerblatt / Pfefferkörner, nach Belieben / 1 Schuss Apfelessig / Thymian / Majoran / Salz

Für die Einbrenn: 1 Zwiebel / 2 Knoblauchzehen / 2 EL Butter oder Butterschmalz / 2 EL Mehl / 2 EL Paprikapulver

Zubereitung

1. Kutteln in leicht gesalzenem Wasser mit Lorbeerblatt, Pfefferkörnern und Essig weich kochen.
2. Kutteln im Sud auskühlen lassen, Suppe abseihen und aufbewahren. Die Kutteln in mundgerechte feine Streifen schneiden.
3. Nun die helle Einbrenn zubereiten: Zwiebel und Knoblauch fein schneiden und im Fett anrösten, Mehl hinzufügen und kurz weiterrösten. Paprika dazugeben, nicht mitrösten. Mit wenig kaltem Wasser angießen und glatt rühren. Unter ständigem Rühren die aufgefangene Suppe zugeben und ca. 20 Minuten köcheln lassen.
4. Kutteln dazugeben, mit Majoran und Thymian würzen, mit Salz und Essig abschmecken. Eventuell noch ein wenig Mehl mit etwas Wasser verrühren und die Suppe damit binden.

❧ TIPP ❧

In Gasthäusern wird die Flecksuppe gerne mit einem Schöpfer Gulaschsaft verfeinert!

Leberschädl

Was ist ein Schädl? Diese Frage stellen sich nur Nicht-Oberösterreicher. Für alle anderen: Ein Schädl (auch Schedel) ist eine Art Auflauf. Er kann süß oder pikant sein, mit Fleisch oder ohne, aber immer wird er in einer Rein im Ofen zubereitet und fast immer ist das Ergebnis an der Oberfläche schön knusprig.

Beim Leberschädl handelt es sich um einen Netzbraten mit den Hauptzutaten Schweineleber und Schweinefleisch, wenn man so will, eine Art knuspriger Leberknödel in der Rein. Es ist ein bäuerliches Gericht, das seinen Ursprung in den Schlachttagen hat. Wegen fehlender Kühlmöglichkeiten mussten damals Innereien sehr schnell verarbeitet werden und so wurden nach den Hausschlachtungen viele köstliche Dinge sofort zubereitet, unter anderem auch ein Leberschädl.

Dieses Rezept stammt von einer Mühlviertlerin, die auf einem Bauernhof aufgewachsen ist. Heute hält sie zwar keine Tiere mehr, aber sie kauft sich jährlich ein ganzes Schwein und verwertet das Fleisch zur Gänze selbst. Einen Teil davon fasciert sie zusammen mit der Leber und friert alles portionsweise für den Leberschädl ein. Sie rät, auf den Koriander nicht zu verzichten – »Der gehört dazu!« –, ihn aber sparsam zu verwenden. Wenn man keines der Gewürze hervorschmeckt, dann hat man es richtig gemacht!

— Zutaten —

300 g Schweinsleber, fasciert / 600 g Schweinefleisch, fasciert /
300 g Erdäpfel / 2 Eier / Salz / Kümmel, ganz / Majoran / Thymian / Koriander, gemahlen /
1 Schweinsnetz (feines, netzartiges Fettgewebe aus dem Bauchfell)

— Zubereitung —

1. Rohe Kartoffeln fein reiben und mit allen Zutaten gut vermengen.
2. Eine Rein mit dem Schweinsnetz auslegen, die Masse einfüllen und das Schweinsnetz auf der Oberfläche zusammenschlagen.
3. Bei 180° C Heißluft oder 190° C Ober- und Unterhitze ca. 60 Minuten goldbraun und knusprig braten.

> ❧ TIPP ❧
> ....
> Dazu passt gekochtes Sauerkraut mit heißen Grammeln und Erdäpfeln.

Leberschädl, Blunzen und die Grammeln fürs Sauerkraut im Backrohr.

Was einen Sonntag erst zum Sonntag macht

Der alte Wochenrhythmus hatte seinen feierlichen
Höhepunkt am Sonntag. Rituale wie das Bad am Samstag
oder das Anlegen festlicher Kleidung schufen ein
»Sonntagsgefühl«. Dazu gehörten auch Speisen, die exklusiv
dem Sonntag vorbehalten waren.

❦ ❦ ❦

SONNTAGSGWAND UND SONNTAGSBRATEN

Der Sonntag sticht aus der Reihe der Wochentage hervor. Es ist der siebente und somit letzte Wochentag, an dem gewöhnlich jede Arbeit ruht. Wir merken es, wenn wir durch unsere Städte gehen und alles leiser, stiller und ruhiger ist, weil die meisten Geschäfte geschlossen haben.

Ist es das, was den Sonntag zum Sonntag macht, dass der Konsum eine kurze Pause einlegt? Der Begriff der Sonntagsruhe hatte früher eine enorme Bedeutung, die das ganze Wochenende umspannte: Mit dem Läuten der Vesperglocke am Samstagnachmittag um 3 oder um 4 Uhr begann der Feierabend. Darunter verstand man nicht nur das Ende der Arbeit an einem Werktag, sondern auch den Beginn der heiligen Sonntagsruhe am Samstagnachmittag. Den Begriff Wochenende gibt es im Deutschen erst seit dem frühen 20. Jahrhundert. Das Wort ist eine Übersetzung des englischen weekend und ersetzte nach und nach den alten Begriff Feierabend.

Am Feierabend also, dem Abend vor dem Feiertag, wurde in der Küche ein Holzschaff oder eine Blechbadewanne aufgestellt und mit heißem Wasser gefüllt. Die Menschen legten ihre Alltagskleidung ab, badeten und zogen danach das schöne Sonntagsgewand an. Man soll nicht unterschätzen, welche feierliche Stimmung allein schon durch diesen Wechsel der Kleidung entstand.

Die böhmische Köchin Elis hatte ihr eigenes Sonntagsritual. Nach dem Kirchgang um 8 Uhr morgens pflegte sie, die Lamperie, die Holzverkleidung eines Zimmers, abzustauben. Dabei trug sie ihre schöne Sonntagskleidung und ein goldenes Armband, das sie ebenfalls nur sonntags anlegte. Sie hielt also das Staubtuch in der Hand, während am Handgelenk der kostbare Schmuck baumelte. Ihn abzulegen wäre nicht in Frage gekommen, denn es war ja Sonntag.

Mit der Sonntagskleidung spürte man die Feierlichkeit am eigenen Leib. Am Land wurde das Ganze noch in Abstufungen zelebriert. Für Samstagnachmittag gab es zwar ein »schönes« Gewand, aber zum Kirchgang trug man das allerbeste Gewand, das man zum Mittagessen ablegte und in die Kleidung vom Vortag schlüpfte.

Früher, als die Frauen noch Kopftücher trugen, wurde sogar hier unterschieden. Eine Oberösterreicherin erklärte mir: Sonntags legte man das »Sunndatüachl« an, werktags das »Wochatüachl«. Das Wochentags-Kopftuch trug man aus praktischen

Was diesen Tag kulinarisch so einzigartig machte, war tatsächlich der viel zitierte Sonntagsbraten, jedenfalls ein Fleischgericht, das dem Sonntag vorbehalten war.

Gründen als Schutz gegen Staub und Sonne. Das Sonntagstuch hingegen war aus Seide oder glänzendem Brokatstoff und wurde zum Kirchgang getragen.

Dieser Inszenierung folgte auch die Art und Weise der Speisen. Was am Samstag zu Mittag oder am Abend gegessen wurde, war zwar noch nicht aufwändig, unterschied sich aber doch schon vom gewöhnlichen Werktagsessen. All das steigerte sich noch, je näher das Sonntagsessen rückte. Was diesen Tag kulinarisch so einzigartig machte, war tatsächlich der viel zitierte Sonntagsbraten, jedenfalls ein Fleischgericht, das dem Sonntag vorbehalten war.

✎

Selbst Bräuche wie der »Liachtbratlmontag« unterstrichen noch die Bedeutung des Sonntagsbratens. Am »Liachtbratlmontag«, dem ersten Montag nach Michaeli (29. September), durften in früheren Zeiten die Handwerker erstmals nach dem Sommer künstliches Licht verwenden. Vom ersparten Geld für künstliche Beleuchtung in den Sommermonaten stiftete der Meister an eben jenem Montag ein Bratl mit Bier oder Wein. Ein Braten an einem Montag – das war so ungewöhnlich, dass daraus schon wieder ein Festtag wurde.

DER SAMSTAG BEREITET DEN SONNTAG VOR.

Besonders der Samstagvormittag war sehr geschäftig. In den Bauernhäusern wurden die Holzböden gerieben und mit Öl neu eingelassen, Küche, Stube und Vorraum geputzt. Nicht nur die Menschen putzten sich für den Sonntag heraus, auch das Haus wurde gründlich gesäubert. Das hört sich dramatischer an, als es war, da die Häuser für heutige Verhältnisse karg möbliert und sparsam ausgestattet waren.

Die Zäsur für alle war die nachmittägliche Vesperglocke: Bis dahin mussten alle gröberen Tätigkeiten beendet sein. Die heilige Sonntagsruhe begann mit dem Läuten der Glocke, dann herrschte de facto Arbeitsverbot. Nur das Notwendigste durfte dann noch getan werden, wozu übrigens auch das Kochen gehörte. Wer jetzt Ähnlichkeiten zum jüdischen Sabbat erkennt, liegt nicht ganz falsch. Die christliche Sonntagsruhe und das jüdische Sabbatgebot begründen beide mit Mose 20, 8–11, wo es heißt: »Gedenke des Sabbattages, dass du ihn heiligst. Sechs Tage sollst du arbeiten und alle deine Werke tun. Aber am siebenten Tage ist der Sabbat des Herrn, deines Gottes. Da sollst du keine Arbeit tun, auch nicht dein Sohn, deine Tochter, dein Knecht, deine Magd, dein Vieh, auch nicht dein Fremdling, der in deiner Stadt lebt.«

Das kann man als Bevormundung sehen, es ist aber auch eine Art Zeitgeschenk. Gerade im ländlichen Bereich, wo die Arbeit scheinbar nie enden wollte, waren die Menschen so zu einer gewissen Ruhe und zum Innehalten gezwungen.

Der Rhythmus einer Woche war immer gleich: 5 ¾ Tage Arbeit und 1 ¼ Tage Ruhe. Das war in Stein gemeißelt und darauf konnten die Menschen sich verlassen.

Das Samstag-Mittagessen und mehr noch das Essen am Samstagabend waren fast ein Ritual, das das Wochenende ankündigte. In einer Familie in Bad Gastein in Salzburg etwa gab es samstags immer »roggene Rohrnudeln« (siehe S. 70). Franz Maier-Bruck schreibt in seinem Buch »Vom Essen vom Lande«, dass ein ähnliches Gericht auch in der Steiermark als klassische Samstagsspeise galt. Hier nannte man es »Dampfnudel«. Dazu stellte die Bäuerin ein Schüsserl mit dem kostbaren »Läutrach«, einem

Rückstand vom Butterschmalzmachen, auf den Tisch.

Auch in städtischen Haushalten war der Samstagabend kulinarisch etwas Besonderes. In einer obersteirischen Industriestadt gab es in einer Familie traditionell Frankfurter Würstel mit Gulaschsaft und Semmeln. Dort, wo am Samstag die Rindsuppe für Sonntag gekocht wurde, gab's am Abend häufig saures Rindfleisch.

Eine gute Rindsuppe war für viele der selbstverständliche Beginn eines Sonntagsmahls. Dafür mussten schon am Vortag das Fleisch oder die Knochen zu einer Suppe verkocht werden. In unzähligen Familien war daher das Samstag-Mittagessen gekochtes Rindfleisch. Eine Dame aus Stockerau mochte diese Speisen in der Kindheit überhaupt nicht. In ihrer Erinnerung war das Fleisch fad und trocken, noch dazu nur mit Gemüse und ohne Soße serviert. Aber, so hieß es, wer am Sonntag eine gute Rindsuppe will, muss auch das gekochte Rindfleisch essen.

Wiener Schnitzel mit Salat, das klassische Sonntagsessen.

HENDL, BRATEN ODER SCHNITZEL.

Das war im Wesentlichen die Menüauswahl des sonntäglichen Mittagessens. Sie variierte noch zwischen Brat- und Backhendl und zwischen Schweins- und Rindsbraten. In der Großstadt Wien gehörte ein schönes Stück Rindsbraten oder Rindsschnitzel mit Saft lange zu den traditionellen Sonntagsessen, ehe sich das panierte Schnitzel durchgesetzt hatte.

In einem Wiener Haushalt kamen in den 1950er-Jahren sonntags meistens Rindsschnitzel auf den Tisch. Eines der Kinder, ein Bub, fand, dass das Fleisch irgendwie eigenartig schmeckte. Wenn er darauf hinwies, bekam er keine zufriedenstellende Antwort. So aß er Sonntag für Sonntag ohne großen Appetit Fleisch, das zwar wie Rind aussah, aber doch anders schmeckte. Erst später fand er heraus, dass eine Zeitlang das etwas günstigere Pferdefleisch als Rindfleisch ausgegeben wurde.

Dazu ist zu sagen, dass Pferdefleisch in Wien durchaus eine lange Tradition hat. Besonders der Pferdeleberkäse wird noch heute verkauft und gegessen. Im »Hess«, dem klassischen Kochbuch der Wiener Küche, wird noch in der Ausgabe von 1994 das fettarme Pferdefleisch für Gulasch und Rindsbraten empfohlen, sowie die Pferdefleischsuppe als besonders »kräftig« bezeichnet.

Im restlichen Österreich war der Sonntag lange Schweinsbraten-Tag. In den Menü-Aufzeichnungen einer Kapfenberger Hausfrau vom Februar 1959 findet sich an zwei Sonntagen Schweinsbraten mit Reis und Salat, einmal paniertes Schnitzel und einmal Kalbsbraten.

Der Begriff »Wiener Schnitzel« setzte sich lange nicht durch. Es wurde stattdessen »paniertes Schnitzel« oder einfach »Kalbsschnitzel« genannt. Ein Schnitzel war zu dieser Zeit in vielen Familien selbstverständlich aus Kalbfleisch, selten aus Schweinefleisch. Eine Dame aus Graz, 1917 geboren, erklärte mir vor ein paar Jahren, dass das Kalbfleisch von früher nicht mit dem Kalbfleisch von heute zu vergleichen sei. Das Fleisch wäre früher viel zarter gewesen. Heute, meinte sie, bekomme man nur mehr »Heufresser«, also Fleisch von älteren Kälbern, wodurch das Schnitzel etwas zäh werde.

Das Wiener Schnitzel, das man heute immer und überall bekommt, war eine absolute Sonntagsspeise. Am Land war es überhaupt lange den Hochzeiten und den hohen Feiertagen vorbehalten. Sonntags gab es dort einen Schweinsbraten mit Kraut und Knödel und in Gebieten, wo Hühnerzucht üblich war, auch einmal ein Hendl, das frisch am Morgen geschlachtet und ausgenommen worden war.

Die Zeit vor dem Mittagessen verbrachten Männer und Frauen unterschiedlich. Nach dem Kirchgang standen die Leute noch eine Weile am Kirchplatz beisammen, um zu tratschen und Neuigkeiten auszutauschen. Danach eilten die Frauen nach Hause und die Männer ins Wirtshaus. Dort gab es für die Männer eine Nudelsuppe und ein Bier und für die Kinder, die sie oft begleiteten, ebenfalls eine Nudelsuppe und ein »Kracherl«.

Danach oder auch davor ging es oft noch zum Kaufmann und zur örtlichen Bank, die beide am Sonntagvormittag stets einige Stunden geöffnet hatten. Dieses Service war notwendig, da die meisten Bauern nur einmal in der Woche, eben am Sonntag, ins Dorf gingen. Dann endlich war es Zeit, sich auf auf den Heimweg zu machen, wo schon das Essen wartete: Nudelsuppe, Bratl, vielleicht ein Kompott als Nachspeise. Danach war ganz offiziell erlaubt, was unter der Woche undenkbar gewesen wäre: ein kleines Mittagsschläfchen. Dies galt in der Regel allerdings nur für die Männer, die Frauen hatten die Küche in Ordnung zu bringen.

Nach dem Kirchgang ging's am Sonntag ins Wirtshaus — für die Männer, wohlgemerkt. Hier eine Gasthausszene aus der Gegend um Obervellach in Kärnten.

GUGELHUPF ODER KUGELHUPF.

Über 30 Jahre lang lief im österreichischen Rundfunk die sehr beliebte Sonntagmorgen-Sendung »Der Gugelhupf«. In der Kennmelodie hieß es: »Was den Sonntag erst zu einem Sonntag macht, ist der Gugelhupf.« Doch welcher? Ein Gugelhupf aus Rührteig, wie wir ihn heute kennen, oder einer aus Germteig?

Der berühmteste aller Gugelhupfe, jener, den Katharina Schratt ihrem Kaiser Franz Joseph in Bad Ischl zum Frühstück serviert hat, war ein duftiger Germgugelhupf, wie es damals üblich war. Nur zur Sicherheit ließ die Schratt vom Zuckerbäcker Zauner jeden Morgen insgesamt sieben Gugelhupfe nach dem gleichen Rezept backen. Der schönste wurde ausgesucht, noch warm in eine weiße Serviette eingeschlagen, in einem Henkelkorb verstaut und von einem Lehrbuben im Laufschritt in die Schratt-Villa gebracht. Welcher dem Kaiser schließlich vorgesetzt wurde, blieb ihr Geheimnis.

»Ich brauch noch Germ um einen Groschen, Weinbeerl um fünf Kreuzer, Zucker um fünf Groschen, Safran um zwei Groschen«, lässt Peter Rosegger die Mutter in seiner Weihnachtsgeschichte »Als ich Christtagsfreude holen ging« sagen. Was hat sie gebacken? Einen Gugelhupf, wie wir an anderer Stelle lesen. Diese Geschichte dürfte sich um die Mitte des 19. Jahrhunderts zugetragen haben. Gugelhupfformen fanden sich damals zwar in jedem Bauernhaus, der Kuchen war aber, allein schon aufgrund der damals extravaganten Zutaten, eine Festtagsspeise.

Etwa 100 Jahre später ist die ehemals luxuriöse Mehlspeise vom hohen Feiertag auf den Sonntag »gerutscht«. Nicht weit von Roseggers Heimat entfernt, im Stanzertal, brachten die Kinder einer Bauernfamilie in den 1960er-Jahren jeden Samstagmorgen die hofeigenen Eier zum Kaufmann und nahmen im Gegenzug Germ, Weizenmehl und Zucker für die Mehlspeise sowie Semmeln für das Sonntagsfrühstück mit. Welch schöne Parallele zum Waldbauernbuben. An dieser Stelle sei erwähnt, dass Roseggers Mutter dem kleinen Peterle in der Geschichte noch einen Auftrag gab: »Etliche Semmeln werden auch sein müssen!« In unserer kleinen Geschichte, etwa 100 Jahre später, gab es die handgemachten Bäckersemmeln, bislang den Festtagen vorbehaltene Luxusprodukte, auch sonntags.

Lange galt: Kein Sonntag ohne Germmehlspeis! In einer Kapfenberger Familie setzte die Großmutter noch vor dem Kirchtag den Germteig an. Kam sie von der Messe nach Hause, war der Teig schön aufgegangen und konnte nun zu Gugelhupf, Strudel, Kipferl oder Pogatscherl weiterverarbeitet werden.

Am Land nannte man die Germmehlspeisen »gehender Strudel« oder »aufgegangener Gugelhupf«. Sie waren wie alle im Rohr gebackenen Mehlspeisen etwas Besonderes. Wir dürfen nicht vergessen, dass die dafür notwendigen Sparherde erst seit der ersten Hälfte des 19. Jahrhunderts üblich wurden. Noch Roseggers Mutter kochte am offenen Feuer und musste für ihren Gugelhupf die Restwärme des Brotbackofens nutzen.

Die böhmische Köchin Elis kennt aus ihrem handgeschriebenen Kochbuch zwei Rezepte für »Kugelhupf«. Mag sein, dass ihre Rechtschreibung dürftig war. Vielleicht hat sie aber einfach auch nur eine alte Schreibweise verwendet, die wir in vielen älteren Kochbüchern so wiederfinden. Wenn man sich's genau überlegt – »Kugelhupf« klingt nicht nur lustiger, sondern ist auch die logische Bezeichnung für die runde Köstlichkeit.

Steirisches Backhendl

Mit oder ohne Haut? Das ist eine Glaubensfrage. Früher entfernte man die Haut nicht – möglicherweise bleibt das Hendl dadurch saftiger. Es war und ist auch üblich, die Innereien, Leber, Herz und Magen, ebenfalls zu panieren.

In der Steiermark zerteilt man das Huhn mit einem scharfen Messer in acht Teile. Man löst die Brüste vom Knochen und erhält so zwei Teile, die man jeweils noch einmal halbiert. Die Keulen und Flügerl trennt man an den Gelenken und erhält so die Haxerl. Der Vorteil: Die kleineren Hendlteile garen schneller durch und man hat mehr von der knusprigen Panier.

Zutaten

2 junge Hendl / Salz / 2 Eier / etwas Milch / 100–150 g Mehl, glatt / 150 g Semmelbrösel / Pflanzenöl oder Schmalz zum Herausbacken

Zubereitung

1. Das Hendl säubern, zerteilen und salzen.
2. Eier mit etwas Milch verquirlen. Die Hühnerteile in Mehl wenden, durch das Ei-Milch-Gemisch ziehen und gründlich mit Semmelbröseln panieren. Wenn nötig, die Panier andrücken.
3. Ausreichend Öl oder Schmalz in einer Pfanne erhitzen und die Backhendlstücke langsam schwimmend 8–10 Minuten auf jeder Seite goldgelb backen. Darauf achten, dass das Fett nicht zu heiß ist.
4. Die Hendlstücke auf Küchenpapier abtropfen lassen, mit Zitronenscheiben garnieren und mit Erdäpfelsalat mit Kernöl servieren.

Omas Germkipferl

Die Geschichte zu den Kipferln geht so: 1957, als Oma-Hansi geheiratet hatte, besuchte sie mit ihrer Mutter eine Greißlerei in Graz. Als man dort von der Hochzeit hörte, kamen alle, um zu gratulieren. Die schon sehr betagte Großmutter der Kaufmannsfamilie ließ es sich nicht nehmen, der jungen Ehefrau ein Geschenk der besonderen Art zu machen: einen Teller mit Kipferl. Das Rezept dafür, sagte die alte Dame, hätte sie von ihrer eigenen Mutter erhalten. Die Zubereitung des Germteiges ist sehr ungewöhnlich. Man lässt ihn nicht an einem warmen Ort aufgehen, sondern legt ihn stattdessen in kaltes Wasser. Der Ursprung dieses Rezeptes liegt in der Südsteiermark, aus der die alte Dame ursprünglich stammte. Wie auch immer, die Germkipferl sind zu einem Hausrezept von Oma-Hansi geworden!

— Zutaten —

1 Würfel Frischgerm (42 g) / 250 ml Milch / 500 g Mehl, glatt / eine Prise Salz / 250 Butter, weich / Powidl zum Füllen

— Zubereitung —

1. Germ mit der Milch gut verrühren. Mit Mehl, Salz und Butter rasch zu einem glatten Teig verarbeiten.
2. Den Teig in eine Schüssel mit kaltem Wasser legen. Der Teig muss mit Wasser bedeckt sein. Wenn der Teig schwimmt (ca. nach 1 Stunde) ist er für die weitere Verarbeitung bereit.
3. Teig mit Küchenpapier trocken tupfen, ausrollen und Quadrate von 10 Zentimeter Seitenlänge schneiden, Powidl darauf verteilen und von einem Eck aus zu Kipferln formen.
4. Bei 180–200° C, Ober- und Unterhitze, ca. 15 Minuten backen. Die Kipferl müssen noch hell sein. Mit Staubzucker bestreut servieren.

❧ TIPP ❧

Man kann die Kipferl auch mit einer Topfen-, Mohn- oder Nussfülle zubereiten. Gut schmeckt auch eine pikante Füllung mit Schinken oder Speck und Zwiebeln.

»Nichts ist besser in Österreich als die Rindsuppe«

In keinem anderen Land spielt gekochtes Rindfleisch und damit auch die Rindsuppe eine solche Rolle wie in Österreich. Von Kaiser Franz Joseph bis Thomas Bernhard reicht die Liste der Suppenliebhaber.

»RINDSUPPE MIT LEBERKNÖDEL, DANN TAFELSPITZ MIT SEMMELKREN«

lautet die Speisenfolge im Stück »Claus Peymann kauft sich eine Hose und geht mit mir essen« von Thomas Bernhard. Die Rindsuppe schmeckt Peymann so vorzüglich, dass er sie lobt und zweideutig sagt: »Nichts ist besser in Österreich als die Rindsuppe.«

Tatsächlich ist die Rindsuppe so etwas wie eine Nationalspeise. Welche Bedeutung sie hat, sieht man auch an der unglaublichen Vielfalt möglicher Einlagen. Von Backerbsen, Biskuitschöberl über Eierstich, Frittaten, Fleischstrudel, Milzschnitten, Reibgerstel bis zu allen möglichen Knödeln und Nockerln reicht die Palette. Es heißt, ein guter Koch könne für jeden Tag des Jahres eine andere Suppeneinlage zubereiten.

Doch unangefochten an der Spitze der Beliebtheit der möglichen Suppeneinlagen liegen die Nudeln, die hausgemachten Suppennudeln wohlgemerkt. Wir sagen in Österreich, jemand ist auf der Nudelsuppe dahergeschwommen, wenn wir seine Unerfahrenheit hervorheben wollen. Umgekehrt betonen wir gerne, dass wir eben nicht auf der besagten Suppe daherge-

Wir sagen in Österreich, jemand ist auf der Nudelsuppe daher geschwommen, wenn wir seine Unerfahrenheit hervorheben wollen.

schwommen sind, wenn wir unsere Lebenserfahrung hervorstreichen. Der Ursprung der Redensart liegt darin, dass die Nudelsuppe (in den Städten) als Speise der einfachen Leute angesehen wurde. Rindfleisch war schon im Mittelalter eines der billigsten Nahrungsmittel der städtischen Bevölkerung, auch weil der Preis von der Obrigkeit reguliert war. Rindfleisch für eine Suppe war daher für wenig Geld zu haben. Als günstige Suppeneinlage boten sich ein paar selbst gemachte Nudeln an.

Das ländliche Pendant zu dieser Redensart ist »auf der Brennsuppe dahergeschwommen sein«, was hier wiederum die einfachste und billigste Suppe darstellte. Da Rinder nie am eigenen Hof geschlachtet wurden, sondern verkauft wurden, war Rindfleisch am Speiseplan unüblich. Das Fleisch musste beim Fleischer gekauft werden, weshalb die Rindsuppe als Besonderheit geschätzt wurde.

Dass das einstige Arme-Leute-Essen, das gekochte Rindfleisch, zur Delikatesse und die Rindsuppe zum Sonntagsessen wurde, verdanken wir Kaiser Franz Joseph. Der Monarch galt als bescheidener und sparsamer Mensch und stellte keine großen Ansprüche an seine Hofköche. Er aß fast täglich das Gleiche, gekochtes Rindfleisch mit Beilagen.

Was bei Hof gegessen wurde, galt bald auch in den anderen Schichten als vornehm. So entwickelte sich ein wahrer Kult um Tafelspitz, Kavalierspitz,

Hüferschwanzel und Schulterscherzel. Der altösterreichische Journalist Joseph Wechsberg schrieb sogar: »Wer nicht über mindestens ein Dutzend Stücke von gekochtem Rindfleisch sachkundig sprechen konnte, gehörte in Wien nicht dazu, gleichgültig, wie viel Geld er verdiente oder ob der Kaiser ihm den Titel eines Hofrats oder Kommerzialrats verliehen hatte.«

So wurde nicht nur bei Hof, sondern in ganz Österreich fleißig Rindsuppe gekocht. Dazu gab es obligatorisch hausgemachte Suppennudeln. Eine Dame aus Stockerau erinnert sich noch an die Prozedur des Nudelmachens in ihrer Kindheit in den 1960er-Jahren. Der fein ausgewalkte Nudelteig wurde von der Großmutter mit einem gewaltigen Messer von ungefähr 40 Zentimetern Länge zuerst in Streifen geteilt, die wiederum geschickt zu feinsten Suppennudeln geschnitten wurden. Nun legte die Großmutter die Nudeln auf Küchentücher und ließ sie im Schlafzimmer auf den Tuchenden der Ehebetten trocknen, ehe sie ihre Bestimmung in der Sonntagssuppe fanden. Was übrig blieb, wurde auf Vorrat in Gläsern gelagert.

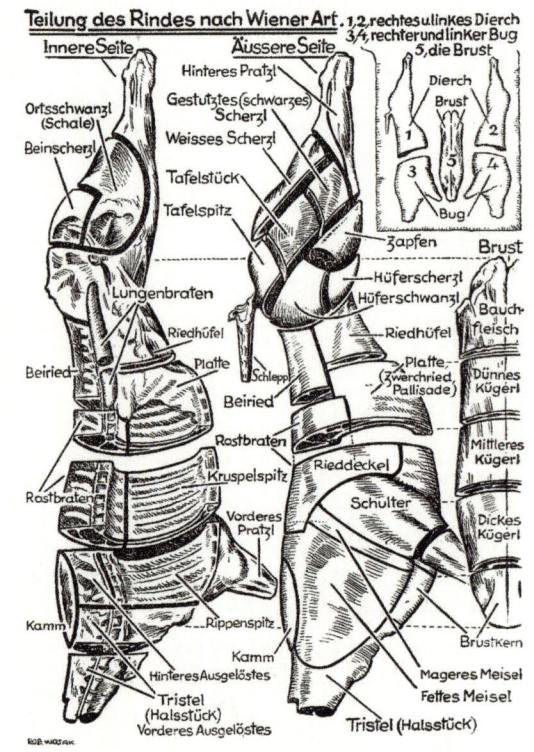

Eine Wissenschaft für sich ist die »Teilung des Rindes nach Wiener Art«. Es entstehen dabei Teile wie das »Vordere Pratzl«, das »Dicke Kügerl« und das »Fette Meisel«.

Hausgemachte Suppennudeln

100 g Mehl, griffig / etwas Salz / 1 Ei / ca. 1 EL Wasser

Zubereitung

1. Das Mehl auf ein Nudelbrett häufen, in der Mitte eine Vertiefung machen. Salz, Mehl, Ei und Wasser hineingeben, leicht verrühren und mit der Hand zu einem festen Teig verarbeiten.
2. So dünn wie möglich auswalken und den Teig liegen lassen, bis er trocken, aber noch zäh ist.
3. Das Teigstück zusammenrollen und mit einem scharfen Messer in 1–2 Millimeter breite Streifen schneiden.
4. Die Nudeln 5 Minuten in Salzwasser kochen, bis sie an der Oberfläche schwimmen, abseihen und in die heiße Rindsuppe geben.

129

Das Feinschneiden der Suppennudeln ist eine Kunst für sich.

Kräftige Rindsuppe

Suppenfleisch, nein danke! Ein guter Koch, eine gute Köchin verlangte nicht simpel nach Braten- oder nach Suppenfleisch, sondern kannte sich mit den Teilstücken bestens aus. Eine davon ist Johanna aus Graz. Es ist eine Freude, ihr zuzuhören, wenn sie erklärt, warum nicht nur der Schulterspitz, sondern auch ein anderer Teil der Rindschulter, nämlich der Schulterdeckel, in die Rindsuppe muss.

—— *Zutaten* ——

800 g Schulterspitz und Schulterdeckel / 5 Pfefferkörner /
1 Lorbeerblatt / etwas Muskatnuss / 2 Nelken / 1 Knoblauchzehe / 1 Zwiebel / Salz /
1 Portion Suppengemüse / etwa 2,5 l Wasser

Eine gute Rindsuppe als
Vorspeise — so wurde in Österreich das
Sonntagsessen eingeleitet.

Zubereitung

»Wenn ich Rindsuppe mache, achte ich darauf, dass ich ein schönes großes Stück Fleisch bekomme. Mit kleinen Stückerl wird es halt keine gute Suppe! Außerdem muss ich mir überlegen, ob ich das Fleisch danach noch als Hauptspeise essen will. Falls ja, soll es mager sein – das ist aber für die Suppe nicht gut, weil sie dann nicht so gehaltvoll wird. Also mache ich es folgendermaßen: Ich nehme immer Schulterspitz, und wenn ich eine besonders gute Suppe will, verlange ich beim Fleischer noch den ›Deckel‹ dazu. Der Schulterdeckel ist mit ein bisschen Fett durchzogen und gibt der Suppe einen feinen Geschmack. Natürlich kann man auch Knochen dazugeben. Das ist immer gut.

Zuerst stelle ich das Fleisch mit kaltem Wasser zu. Man sagt zwar, wenn das Fleisch saftig bleiben soll, setzt man es mit heißem Wasser an, aber wenn ich eine kräftige Suppe will, dann geht's halt nicht anders!

Dazu kommen Pfefferkörner, ein Lorbeerblatt, ein Stück von einer Muskatnuss, zwei Nelken, eine Knoblauchzehe im Ganzen und eine ganze Zwiebel mit Haut. Manchmal, wenn ich möchte, dass die Suppe schön goldig ist, halbiere ich die Zwiebel und lasse sie vorher am Topfboden mit der Schnittfläche nach unten ein wenig anbrennen. Sie darf ruhig ganz dunkel werden. Dann erst gieße ich mit Wasser auf.

Salzen und ganz sanft kochen lassen. Das Wasser sollte auf keinen Fall wallen, denn dann entsteht Schaum und die Suppe wird trüb. Wenn man sie hingegen nur simmern lässt, bleibt die Suppe klar.

Nun zum Gemüse: Wenn man es als Suppeneinlage verwenden will, dann sollte man es erst später dazugeben. Wird es aber ausgekocht und danach entfernt, kann man es von Anfang an mitkochen.

Nach Ende der Kochzeit wird die Suppe abgeseiht und nach Geschmack gesalzen. Der Schulterspitz eignet sich wunderbar für gekochtes Rindfleisch mit Beilage. Den Schulterdeckel aber behalte ich für mich. Ich entferne das Fett und mache mir daraus am Abend saures Rindfleisch!«

Vom Fasten und vom Feiern

Feste feiern, wie sie fallen, bedeutet auch,
genau zwischen Festzeiten und Alltagszeiten zu
unterscheiden. Diese Trennung war früher
klarer als heute. Feste waren Höhepunkte im Alltag,
oft eingeläutet von entbehrungsreichen Fastenzeiten.

VON FASTEN IST HEUTE
WIEDER VIEL DIE REDE,

von der Kultur des Feierns eher weniger. Wir üben uns im Intervallfasten, machen Fastenkuren und kennen die gesundheitlichen Vorzüge des Fastens. Wir wissen, Fasten kann verjüngend wirken, hemmt Entzündungen im Körper und senkt den Blutdruck. Aber Feiern? Denken wir an die großen Feste wie Weihnachten, dann hat sich bei vielen eine gewisse Feiermüdigkeit breitgemacht. Schon Wochen vor dem Fest geben Zeitschriften Tipps, wie man die anstrengenden Tage ohne Stress übersteht. Am liebsten würden manche ganz den Strapazen entfliehen und die Feiertage einfach auslassen. Auf Weihnachten freuen sich nur mehr die Kinder, die anderen, vor allem die Frauen, spüren den Druck der Erwartung.

Auf der anderen Seite werden Anlässe wie Kindergeburtstage fast wie kleine Events geplant. Die Eltern, genauer gesagt wieder die Mütter, geraten schnell unter Konkurrenzdruck: Jede will ihrem Kind eine mindestens so tolle Party bieten wie die anderen. Auch Hochzeiten, die früher gerade im städtischen Bereich eher klein und bescheiden gehalten wurden, werden heute leicht zu teuren und aufwändigen Drei-Tage-Festen. Reality-TV-Shows zum Kauf des Brautkleides, zur Hochzeitsplanung und über die Hochzeit zeigen, was alles möglich ist, und befeuern Kosten, Ansprüche und Wünsche.

War früher alles anders oder gar besser? Feste zu feiern bedeutet immer einen Ausstieg aus dem All-

tag. Ein Fest, das nicht aus dem gewöhnlichen Leben heraussticht, ist kein richtiges Fest. Und genau das ist unser Problem. Wir leben heute in einer Welt, in der jederzeit alles verfügbar ist und in der man nur noch schwer Höhepunkte setzen kann. Daher feiern wir auch unsere Feste nach dem Motto: besser, größer, einzigartiger! Das mag der wesentliche Unterschied zu früher sein: Heute ist es viel schwerer, kleine und große Feste zu feiern, weil schon in unserem Alltagsleben in jeder Hinsicht, aber vor allem kulinarisch, jederzeit alles möglich ist.

Die hohe Kunst des Feierns besteht aus mehreren Faktoren, dabei ist aber das Essen stets der entscheidende. Damit meine ich nicht nur das Festmahl selbst, sondern vor allem das Essen in den Zeiten davor und danach. Wir unterscheiden kaum noch zwischen Alltagskost und Sonntagsessen und auch an den Festtagen wird heute im Prinzip nichts anderes serviert als sonst. Früher war es viel einfacher, mit besonderen Speisen Akzente zu setzen und sie wie ein Ritual als Teil des Festes zu etablieren.

Ein Fest, das nicht aus dem gewöhnlichen Leben heraussticht, ist kein richtiges Fest. Und genau das ist unser Problem.

Dazu brauchte es nicht viel. Der Geburtstagskuchen allein reichte aus, um den Tag in ein besonderes Licht zu setzen. Geburtstage wurden generell nicht so groß gefeiert wie heute. Selten wurde eine Torte, meistens ein Kuchen gebacken, um das Geburtstagskind zu feiern. Am Land feierte man Geburtstage lange gar nicht, sondern nur die Namenstage. Wobei diese oft sowieso am gleichen Tag waren, da man die Kinder gewöhnlich nach dem Namenspatron des Tages der Geburt benannte.

In einer Salzburger Familie bekam jedes Familienmitglied zum Namenstag einen Gugelhupf (siehe S. 137). Für die neun Kinder und auch für die Eltern gab es an diesem Tag einen Kuchen, den jeder ganz alleine schmausen durfte. Nur der älteste Sohn Julius, der nach seinem Vater benannt war, musste auch den Gugelhupf mit ihm teilen. In dieser Familie gab es aufgrund der hohen Kinderzahl fast jeden Monat einen Namenstags-Gugelhupf. Die Mutter hat übrigens an ihrem Namenstag einen Kuchen für sich selbst gebacken – eine sehr schöne, in anderen Familien eher unübliche Gewohnheit.

FESTE ALS BELOHNUNG.

Manche kennen noch die Redewendung »essen wie ein Drescher«. Es erinnert an eine der anstrengendsten Arbeiten der alten bäuerlichen Kultur, als das Getreide noch mit den hölzernen Dreschflegeln per Hand gedroschen wurde. Dabei schlug man mit aller Kraft auf die am Tennenboden liegenden Getreidebündel ein, sodass sich die Getreidekörner aus den Ähren lösten. Meist droschen mehrere Männer gemeinsam. Sie mussten den richtigen Rhythmus finden, um das Getreide nicht gleichzeitig, sondern schön nacheinander zu treffen. Daher sagte man Drischelsprüche auf, um im Takt zu bleiben. Der Spruch »Kein Brot am Tisch, kein Mehl im Korb« gab zum Beispiel einen Vierertakt vor.

Nach dieser schweißtreibenden Arbeit wartete als Belohnung ein gutes Essen auf die Drescher. Es gab Knödel, Kraut und Geselchtes und – ganz wichtig – schöne fette, in Schmalz gebackene Krapfen.

Vor einigen Jahren durfte ich mit Anna, einer alten Bäuerin aus der Oststeiermark, sprechen, die noch

Hier gab's zum Geburtstag eine früher sehr beliebte üppige Buttercremetorte.

eine andere alte Bauernarbeit, das »Brecheln«, miterlebt hat. Dabei wurde der gedörrte Flachs in der sogenannten »Brechel« so lange geschlagen, bis sich alle holzigen Bestandteile abgelöst hatten. Die so entstandenen feinen »Haar« wurden in der ruhigen Jahreszeit, im Winter, von den Frauen zu Garn gesponnen, das wiederum zur bäuerlichen Leinwand gewebt wurde.

Obwohl diese Arbeit staubig und hart war, freute sich Anna immer schon sehr auf das »Brecheln«. Einerseits, weil es eine Gemeinschaftsarbeit war und viele Leute aus der Umgebung daran beteiligt waren, andererseits, weil nach getaner Arbeit ordentlich gefeiert wurde.

Es wurden Unmengen an Strudel gemacht, »mit Weinbeeren«, wie Anna extra betonte. Außerdem gab es die süßen »Branntweinnussen«, Schmalzgebäck, das reichlich mit Schnaps übergossen wurde. Selbstverständlich wurden auch Geselchtes und Speck aufgetragen. Immer wieder klopften Vorbeikommende an die Fenster der Feierstube: »Dann haben wir halt aufgemacht, sie haben einen Spieß hereingehalten und wir haben ihnen Essen draufgesteckt.«

Diese Art von Festen war eng verbunden mit der alten Nachbarschaftshilfe. Es sind fast archaische Feste aus einer Zeit, in der es noch keine Maschinen in der Landwirtschaft gab und in der stattdessen die Dorfgemeinschaft bei schweren Arbeiten zusammenrückte, gemeinsam arbeitete und gemeinsam feierte.

Auch bei Arbeiten, die jede Hofgemeinschaft für sich allein erledigte, wie das Schneiden des Getreides, gab es am Ende ein besonderes Essen. Bei einer Familie im Salzkammergut war das zum Beispiel das »Schniderkoh« (Schnitterkoch), eine Art Grießkoch mit einer knusprigen Zuckerkruste, das im Rohr gebacken wurde (siehe S. 16).

Aber auch kleine Belohnungen nach der Arbeit konnten sich zum spontanen Fest auswachsen: Die

Kinder eines obersteirischen Bauern mussten einmal ausnahmsweise sonntags zur Heuernte ausrücken, da ein Unwetter drohte. Nach getaner Arbeit gab es beim Dorfwirt für alle ein Paar Frankfurter und ein »Kracherl«. Für die Kinder ein Fest, denn (gekaufte) Würstel und Limonade gab es nur sehr selten.

Erntedankfeste, wie es sich Städter vorstellen mögen, gab es übrigens nirgends. Das Erntedankfest, das wir heute kennen, ist eine Erfindung eines niederösterreichischen Pfarrers mit dem sinnigen Namen Teufelsbauer, der sich das Fest in den 1930er-Jahren ausdachte. Er kreierte den Ablauf, so wie er heute noch gefeiert wird, als Zeichen der Dankbarkeit für die gute Ernte.

AM BEISPIEL DER KÄRNTNER KIRCHTAGSSUPPE

sieht man sehr gut, wie ehemalige Festtagsspeisen im Lauf der Zeit zu beinah alltäglichen Gerichten werden. Eine derart üppige und verschwenderische Suppe wie diese hätte es früher im Alltag nie gegeben, nicht einmal sonntags. Nur zu Hochzeiten und am Kirchtag, wenn der Namenspatron der Kirche gefeiert wurde, servierte man diese Suppe mit drei Sorten Fleisch und teuren Gewürzen wie Safran. Beinah in jedem Kärntner Tal gab es eigene Varianten der köstlichen Speise, die wegen der Farbe des Safrans auch Gelbe Supp'n genannt wird.

Der Kirchtagssuppe erging es so, wie dem Wiener Schnitzel. Beide waren einst Hochzeits- und Festmahlzeiten, wurden dann zu einer Art Sonntagsspeise und schließlich zu typischen Gasthausgerichten, die jederzeit verfügbar sind.

Eine wichtige Sache, die Festspeisen vom Sonntagsessen unterschied, war die Wartezeit darauf. Jeder wusste, dass es am Kirchtag (und nur dann) die Kirchtagssuppe gab – das Warten darauf erhöhte ganz gewiss die Vorfreude. Den beiden höchsten Festen im Jahr, Ostern und Weihnachten, ging überhaupt eine wochenlange Fastenzeit voraus, in der auf Fleisch völlig verzichtet wurde.

Um die Osterfastenzeit durchzuhalten, wurde im Fasching noch einmal ordentlich gefeiert und gegessen. Der Donnerstag vor Aschermittwoch wurde zum fetten Donnerstag, dem »Foastpfingsta«. Ab jetzt bis Faschingsdienstag gab es nicht nur Fleisch, sondern auch Schmalzgebäck im Überfluss. Im Lavanttal wurden die Krapfen, die danach noch übrig waren, auf eine Schnur gefädelt und am Dachboden zum Trocknen aufgehängt, um am Ostersonntag als Suppeneinlage verwendet zu werden.

Auch der Advent war früher Fastenzeit. Dies ist übrigens der Grund, warum Weihnachtsgebäck nie auch nur einen Tag vor dem Heiligen Abend verzehrt wurde. Der 24. Dezember selbst galt noch – je nach Auslegung – bis zum Abend oder gar bis Mitternacht als Fasttag. Selbst in vielen nicht religiösen Familien in den Städten wurde diese Tradition gewahrt. In einer Grazer Arbeiterfamilie gab es zu Mittag Apfelnockerl als fleischlose Speise. Auch der Karpfen am Heiligen Abend hat seinen Ursprung in dieser Fastentradition. Das Fastenbrechen erfolgte früher eigentlich erst nach der Mitternachtsmette mit Bratwürstl oder der Mettenwürstlsuppe. Erst seit der Heilige Abend in der Mitte des vorigen Jahrhunderts seine Bedeutung als Fasttag verloren hatte, wurden diese Speisen vor oder nach der Bescherung gegessen.

Auf den Bauernhöfen war der Christtag – also der 25. Dezember – die totale Überforderung für den (fastengewöhnten) Magen. Nun wurde alles nach-

Im Lavanttal wurden die Krapfen, die danach noch übrig waren, auf eine Schnur gefädelt und am Dachboden zum Trocknen aufgehängt, um am Ostersonntag als Suppeneinlage verwendet zu werden.

geholt, was man vorher anscheinend versäumt hatte. Das Motto des Mittagsmenüs war: »Was 'Kochts und was 'Bratens.« Zuerst gab es eine Rindsuppe mit Einlage, meistens mit Suppennudeln. Danach gekochtes Rindfleisch mit Semmel- oder mit Apfelkren. Dann Schweinsbraten mit Knödel, Sauerkraut oder mit Krautsalat, oft auch mit einem Salat aus roten Rüben. Manchmal kam stattdessen ab den 1960er-Jahren schon ein paniertes Schnitzel auf den Tisch. Eine süße Nachspeise krönte die Speisenfolge – nur in der Oststeiermark konnte es vorkommen, dass diese lediglich ein Zwischengang vor dem Backhendl war. So gab es dann zum Beispiel ein süßes »Semmeltommerl«, einen Semmelauflauf mit Rosinen, zum Erholen vor dem gebackenen Huhn.

Wie konnte man so viel essen? Eine Familie erklärte mir die Spielregeln einer solch fast barocken Völlerei. Wer gescheit war, nahm sich von allem nur wenig und aß, was übrig geblieben war, zum Abendessen.

Kochen, dass sich an den Festtagen die Tische bogen, war eine bäuerliche Besonderheit. Solange es Dienstboten gab, waren diese Festmahle gewissermaßen Teil der Bezahlung. Es sprach sich herum, wenn eine Bäuerin zu Weihnachten oder zu Ostern nicht groß aufkochte. Dieser Hof hatte im nächsten Jahr dann Probleme, geeignetes Personal zu finden.

Der Namenstags-Gugelhupf

Dieses Rezept stammt von einer Salzburger Familie, in der jedes Familienmitglied zum Namenstage einen Gugelhupf bekam. Typisch für die alte Zeit ist die sparsame Verwendung von Eiern. Hier sind zwei Eier angegeben. Es konnte aber auch vorkommen, dass der Gugelhupf – vor allem im Winter – mit nur einem Ei gemacht wurde.

Der Sohn Julius, der dieses Rezept weitergab, bemerkt dazu: »Heute haben die Leute ja so viele Rezepte. Wir haben für unseren Gugelhupf immer nur dieses eine gehabt. Und gebacken wurde er bei uns nur zum Namenstag!«

Zutaten

120 g Butter / 120 g Zucker / 2 Eier / 500 g Mehl /
1 Packung Backpulver / 50 g Rosinen / 250–375 ml Milch

Zubereitung

1. Butter, Zucker und Eier schaumig rühren.
2. Mehl mit dem Backpulver und den Rosinen vermischen und mit der Milch zu einem nicht zu festen Teig verrühren.
3. Gugelhupfform befetten und mit Mehl bestäuben. Teig in die Form füllen und im Heißluftrohr bei 160° C, oder 180° C bei Ober-/Unterhitze, ca. 45 Minuten goldgelb backen. Den Gugelhupf in der Form auskühlen lassen, dann vorsichtig stürzen und vor dem Servieren mit Staubzucker bestreuen.

Kirchtagssuppe mit Reindling

Als ich das erste Mal diese Suppe aß, war ich überrascht, dass man dazu eine Mehlspeise, ein Stück Reindling mit vielen Rosinen, servierte. Aber es schmeckte gut und harmonierte hervorragend. Das Rezept für die Suppe stammt von einer älteren Dame aus dem Gegendtal. Sie ist überzeugt, dass die Gelbe Supp'n hier erfunden wurde: »Früher hat es die Suppe nur bei uns gegeben, jetzt kennt man sie schon in ganz Kärnten.«
Der Reindling war ein typisches Patengeschenk, das dem Patenkind zu Ostern überreicht wurde. Er war eine Festtagsspeise, die zu Hochzeiten, zu Weihnachten und auch am Kirchtag auf den Tisch kam. Das Rezept für den Reindling stammt von der Bergbäuerin Sieglinde, die man eigentlich Reindling-Bäuerin nennen könnte. Sie gibt nicht nur gerne ihr Original-Rezept weiter, sondern hat sogar ein Email-Reindl in den Kärntner Landesfarben in Auftrag gegeben – damit der Reindling auch zum Reindl passt!

— Zutaten —

Für die Suppe: 1 ½ kg Rindfleisch mit Knochen (gut durchwachsene Schulter oder Beinfleisch) / 500 g Schöpsernes oder Lammfleisch von der Schulter / 500 g Suppenhuhn / 3 Brieferl Safran / Zimt, gemahlen / 1 l Süßrahm / 4 Eidotter / ca. 4 EL Mehl / Salz

— Zubereitung —

1. Rindfleisch, Schöpsernes und das Suppenhuhn in ca. 4 Liter kaltem, gesalzenem Wasser zustellen und langsam köcheln lassen, bis das Fleisch weich ist. Währenddessen den Schaum immer wieder abschöpfen.
2. Das Fleisch herausnehmen und die Suppe abseihen.
3. Suppe erneut aufkochen und Safran und Zimt hinzufügen. Rahm, Eidotter und Mehl gut abrühren und unter ständigem Rühren in die Suppe einsprudeln. Die Suppe soll nicht mehr aufkochen, da sie sonst flockig wird.

> ❧ TIPP ❧
>
> *Im Originalrezept wurde die Suppe zuerst serviert und danach das Fleisch mit einer Semmelkrensauce aufgetragen. Heute wird das Fleisch allerdings auch häufig klein geschnitten in der Suppe angerichtet.*

Der original Kärntner
Reindling passt
zur Kirchtagssuppe.

Zutaten

Für den Reindling: 500 g Mehl, glatt / 1 TL Salz / 60 g Zucker / 1 Pkg. Trockengerm /
250 ml Milch / 1 Ei / 1 Dotter / etwas Rum / 60 g Butter / 60 g Zucker / Zimt / 120 g Rosinen
Butterschmalz für die Form

Zum Bestreichen: 1 Dotter / etwas Milch

Zubereitung

1. Mehl, Salz, Zucker und Trockengerm vermischen.
2. Milch, Ei, Dotter und Rum erwärmen, mit dem Schneebesen versprudeln und zu der Mehlmischung geben. Alles mit dem Kochlöffel verrühren und danach mit den Knethaken des Mixers ca. 10 Minuten gut kneten.
3. Den Teig an einem warmen Ort zugedeckt auf das Doppelte des Volumens aufgehen lassen. Danach nochmals kneten und abermals ca. 20 Minuten gehen lassen.
4. Den Teig zu einem Rechteck 0,5 Zentimeter dick auswalken. Mit Zucker, Zimt und Rosinen bestreuen.
5. Den Teig fest zusammenrollen und schneckenförmig in ein befettetes 2-Liter-Reindl legen. Ca. 30 Minuten aufgehen lassen.
6. Mit Dottermilch bestreichen und bei etwa 160° C ca. 50 Minuten backen. In Stücke geschnitten zur Kirchtagssuppe servieren.

So war's der Brauch

Bräuche und Rituale geben uns Halt. Kulinarische Bräuche helfen uns, den Rhythmus eines Jahres und den Rhythmus unseres Lebens zu strukturieren. Vom Weisatkorb nach der Geburt bis zur Nudelsuppe zum Leichenschmaus, vom Allerheiligenstriezel für die Armen bis zum Kletzenbrot für die Verliebten hatten Speisen früher auch eine soziale und kommunikative Bedeutung.

JEDER VON UNS HAT SEINE EIGENEN BRÄUCHE

und viele davon haben mit Kulinarik zu tun. Der eine pflegt jeden Freitagabend als Einstand zum Wochenende ein gutes Glas Wein zu trinken, in einer anderen Familie ist es das Raclette zu Weihnachten, der Linsensalat zu Silvester oder das immer gleiche Menü im Lieblingsrestaurant am Urlaubsort, das zur lieben Gewohnheit geworden ist. Diese Bräuche oder Rituale helfen uns, besondere Momente zu genießen und sich ihrer bewusst zu werden. In meiner Familie ist es eine alte Almspeise, die zum traditionellen Geburtstagsfrühstück mutiert ist. Zum Almabtrieb wurden und werden zum Teil noch heute besondere Speisen zubereitet. In der Hochschwabregion war es das »Fedlkoch«. »Fedeln« ist ein altes Wort für »reisen«, passend für den Abschied von der Alm, wenn im Herbst Sennerin und Vieh ins Tal ziehen. Unsere Familie hat nun diesem Brauch eine neue Bedeutung gegeben. Für uns ist es eine Geburtstagsspeise, eine Leckerei am Beginn der Reise ins neue Lebensjahr.

Das kulinarische Brauchtum ist heute sehr individuell. Jede Familie kann sich entscheiden, welche Speisen die kleinen und großen Feste prägen sollen. Früher war es anders, feste kulinarische Bräuche begleiteten das Leben von der Geburt über die Hochzeit bis zum Tod und strukturierten auch den Ablauf eines Jahres. Zum Totenmahl nach einem Begräbnis etwa mussten im Gasthaus keine Bestellungen aufgenommen werden. Jeder bekam das Gleiche, sehr oft Nudelsuppe und gekochtes Rindfleisch. So war's der Brauch und daran wurde nicht gerüttelt.

Auch zur Geburt gab es feste Bräuche. Nachbarinnen und natürlich die Taufpatin besuchten Mutter und Kind und brachten Geschenke. Man nannte dies Weisat-Gehen. Was sie schenken sollten, darüber brauchten sie sich keine Gedanken zu machen, denn der Brauch gab die Richtlinien vor. Auf jeden Fall wurden stärkende Speisen mitgebracht, die der Mutter im Wochenbett wieder auf die Beine helfen sollten. Neben einer guten Flasche Wein, einem Packerl Kaffee und Zucker wurde deshalb auch gerne ein ganzes Suppenhuhn mitgebracht. Eine südsteirische Bäuerin erklärte das so: »Extra für die Wöchnerin ist ein Huhn abgragelt worden. Das hat sein müssen, damit sie eine kräftige Hühnersuppe bekommt.«

Die Taufpatin brachte gleich einen ganzen Weisatkorb mit. Fixer Bestandteil des Geschenkkorbes war immer feines, also weißes Gebäck. Das waren meistens übergroße mürbe Kipferl, die beim Bäcker in Auftrag gegeben worden waren.

In Kärnten schenkte man der Wöchnerin in der

Gegend um Radenthein den »Zappelwazen«. Das ist ein Reindling, bei dem ein mit Safran gelb gefärbter Teig in den normalen Germteig eingefüllt wird und sich so ein marmorierter Teig ergibt. Der Name »Zappelwazen« kommt einerseits vom Zappeln des Babys, andererseits vom Ausdruck »Woazenes« für helles Weizenmehl.

Bauernhochzeiten waren früher große kulinarische Feste, bei denen oft mehr als 100 Personen anwesend waren. Einen feinen Unterschied gibt es allerdings zu heute: Bei weitem nicht allen Gästen wurde das Essen bezahlt. Bereits beim Einladen wurde zwischen jenen unterschieden, die auch zum Essen eingeladen waren, und jenen, die »Mahlgeld« zahlen mussten. Es gab jedoch immer so viel zu essen, dass es erlaubt war, sich die Reste mit nach Hause zu nehmen. Wir kennen heute noch den Ausdruck »Bschoadbinkerl«. Damit waren alle Reste von der Festtafel gemeint, die, in ein Tuch eingewickelt, dem jeweiligen Gast gehörten.

DER ALLERHEILIGENSTRIEZEL.

Viele kulinarische Bräuche waren Teil einer – wenn auch sehr dürftigen – Armenfürsorge. An manchen Tagen im Jahr war es Brauch, dass die Armen von Haus zu Haus gingen und um Gaben baten. Der 1. und 2. November, also Allerheiligen und Allerseelen, waren solche klassischen Betteltage. Ausgehend vom Volksglauben, dass in dieser Zeit die armen Seelen aus dem Fegefeuer einen »Kurzurlaub« auf der Erde machten, beschenkte man arme Menschen und auch Kinder stellvertretend für die Verstorbenen.

Hier kommt nun die feine Unterscheidung zwischen Betteln und Heischen ins Spiel. Wenn man bettelt, nimmt man, ohne etwas zurückzugeben. Beim Heischen hingegen gibt es als Dank Sprüche, Lieder, Glück- und Segenswünsche. Schon Goethe kannte diesen Unterschied, als er über umherziehende Kinder sagte: »Auf alle Fälle bettelten sie nicht, sie heischten nur.« Auch wir kennen heute noch Heischebräuche, etwa die Dreikönigsaktion, oder Besuche von Kindern zu Halloween. Im Fall des Allerheiligenstriezels lautete der Segensspruch nach Erhalt des Gebäcks beispielsweise: »Vergelt's Gott für die armen Seelen.«

Damit hatte man eine Gegenleistung für die Gabe erbracht und sozusagen seine Schuld beglichen.

Besonders bei reichen Bauern wurde zu Allerheiligen oft angeklopft. Die Armen konnten an solchen Tagen eine recht große Anzahl an Germteigzöpfen sammeln. Selbstverständlich wurden sie nicht sofort gegessen. Man ließ sie hart werden und weichte sie bei Bedarf in etwas Milch oder Wasser ein. So reichte der Vorrat an Striezeln wochen- wenn nicht monatelang.

Franz Maier-Bruck schreibt, dass im Burgenland die Kinder am Morgen des Allerheiligentages von Haus zu Haus gingen und baten: »Gelobt sei Jesus Christus! Um an Halingstriezel!« Bekamen sie nichts oder standen sie vor verschlossener Haustüre, riefen sie laut: »Krucka, Krucka, Ofaschissl, d'Moahm hat in Kittl gschissn.« Diese Art von schmähendem Rachevers mag in Grundzügen an den Halloweenbrauch »Süßes oder Saures« erinnern, bei dem Kinder die Bewohner auffordern, ihnen Süßigkeiten zu geben, weil sie ihnen sonst Streiche spielen.

Der Brauch, die Striezel an Kinder zu verteilen, erhielt sich noch lange als Geschenk der Taufpaten an den Täufling. Zu Allerheiligen besuchte der »Göd« und die »Godl« das Kind und brachte einen Allerheiligenstriezel mit. An den traditionellen »Godngehtagen«, dem Stefanitag und in manchen Regionen dem Ostermontag, besuchte das Kind die Paten und erhielt ebenfalls einen Striezel oder – wie in Kärnten – einen Reindling. Die Ennstalerin Anni, geboren 1946, erinnert sich ans »Godngehen« vor allem in kulinarischer Hinsicht. Dort bekam sie das erste Wiener Schnitzel ihres Lebens und den »Godnstrutzen«, einen geflochtenen Teigzopf mit Rosinen.

LIEBE GEHT DURCH DEN MAGEN.

Wer kann das Kletzenbrot anschneiden, ohne auf eine Stricknadel zu treffen? Welcher Striezel eignet sich als Liebesgabe? Wie kann ein Stück Butter zu einer Umarmung führen? Die Liebessprache des alten Brauchtums ist uns heute fremd. Es stammt aus einer Zeit, als Annäherungen, ja selbst einfaches Kennenlernen von Burschen und Mädchen auf dem Land stark reglementiert waren. Die meiste Zeit verbrachten die jungen Leute auf den Höfen. Gelegenheiten, sich näherzukommen, gab es wenige. Kirchgang, Gemeinschaftsarbeiten, Feste und Tanzveranstaltungen waren im Prinzip die einzigen Möglichkeiten.

So ist es kein Zufall, dass es ausgerechnet am Stefanitag zahlreiche kleine Rituale gab, bei denen man sich ohne Worte seine Verliebtheit zeigen konnte. Der 26. Dezember war ein traditioneller Besuchstag, an dem in erster Linie Verwandte zusammenkamen, an dem aber auch junge Burschen die jungen Mädchen ganz offiziell besuchen durften. In Teilen Oberösterreichs und im Ennstal gab es den Brauch

der »Schwartlingabschneider«, von dem mir die Altbäuerin Gertrud berichtete. Junge Burschen bekamen bei ihrem Besuch einen Kletzenbrotlaib vorgesetzt, von dem sie sich ein »Scherzl«, den »Schwartling«, abschneiden durften. Je begehrter ein Mädchen war, desto mehr Burschen sind gekommen. Umgekehrt haben manche der jungen Männer die Abschnitte gesammelt, als Zeichen dafür, wie beliebt sie bei den Dirndln waren. Sie fädelten die »Scherzln« wie eine Trophäe auf eine Schnur, die sie stolz über der Schulter trugen.

Jede der Frauen hat ihre Kletzenbrote selbst gebacken. Sie kauften dafür extra teure Zutaten wie Pignoli oder Rosinen und sparten nicht an Schnaps oder Rum. Am Ende wurde jeder Laib mit dem Anfangsbuchstaben des Mädchens aus Brotteig verziert. Die Knechte wiederum lauerten auf eine Möglichkeit, heimlich einen Drahtring oder einen Kienspan in den Laib zu drücken. Schnitt ein Bursche in so ein Hindernis, war das im Ennstal einfach ein lustiger Streich. In Oberösterreich hingegen bedeutete es, dass derjenige noch nicht reif zum Fensterln, also noch kein richtiger Mann war. Hier waren es auch die Mädchen selbst, die diese Fallen stellten und listigerweise Draht oder sogar Stricknadeln im Teig versteckt hatten.

Der Stefanitag war naturgemäß eine passende Gelegenheit, um auf Brautschau zu gehen. Man sagte, Mädchen, zu denen an diesem Tag neun Burschen

Der 26. Dezember war ein traditioneller Besuchstag, an dem in erster Linie Verwandte zusammenkamen, an dem aber auch junge Burschen die jungen Mädchen ganz offiziell besuchen durften.

zum »Kletzenbrotanschneiden« kommen, würden im nächsten Jahr heiraten. Verschenkten Frauen gar Endstücke, dann war das der ultimative Liebesbeweis und kam einer Verlobung gleich. Eine ähnliche Art von Liebesgabe war im Burgenland der Allerheiligenstriezel, den Burschen ihrer Liebsten schenkten.

Neben der schon erwähnten Tradition, die frische Butter zu verzieren, gab es das sogenannte »Emoasl«, mit dem es eine besondere Bewandtnis hatte. Dabei wird auf einem länglichen, geschnitzten Brettchen eine dünne Schicht Butter aufgetragen. Dann hebt die Sennerin vorsichtig den Butterstreifen ab und rollt ihn zusammen. Man sagte, wenn ein Almgeher sich ein Stück von diesem »Emoasl« abschneidet und es dabei umfällt, darf er die Sennerin »halsn«, also umarmen. Man kann sich gut vorstellen, dass die Frauen das »Emoasl« nicht jedem Gast vorsetzten.

Das Wort »Brauch« leitet sich vom althochdeutschen *bruh* ab, was so viel wie »nutzen« bedeutet. Das, was den Menschen nützt, ist also lebendiges Brauchtum. Anstelle des Kletzenbrotes und des »Emoasls« ist heute so gesehen die Flirting-App Tinder getreten. Denn nicht nur die Technik, auch die Sprache der Liebe hat sich verändert.

144

Das Wort »Brauch« leitet sich vom althochdeutschen »bruh« ab, was so viel wie »nutzen« bedeutet. Das, was den Menschen nützt, ist also lebendiges Brauchtum.

Kleiner Bub mit einem großen Allerheiligenstriezel! Vielleicht war es ein Geschenk von seiner Taufpatin, wie es lange der Brauch war.

Neunfach geflochtener Allerheiligenstriezel

»Extrem groß, oben Hagelzucker und innen so viele Rosinen, dass sie aus dem Teig herausleuchteten.« So beschrieb eine steirische Bäuerin den Allerheiligenstriezel ihrer Kindheit. Möglich, dass die Größe übertrieben war und der Striezel nur dem damals noch kleinen Mädchen so gewaltig erschien. Auf jeden Fall war der klassische »Godnstriezel« ein prachtvolles Geschenk von unbescheidenen Ausmaßen.

Früher durfte das Patenkind das Gebäck ganz allein für sich behalten. Heute teilen wir es und genießen den Striezel zum Frühstück oder zur Kaffeejause am Allerheiligentag.

Zutaten

1 Würfel Frischgerm / ca. 400 ml Milch / 180 g Zucker / 1 kg glattes Mehl /
1 TL Salz / 2 Dotter / 180 g Butter / 100 g Rosinen / Pflanzenöl zum Befetten des Blechs

Zum Bestreichen und Bestreuen: *1 Ei / Hagelzucker*

Zubereitung

1. Ein Dampfl herstellen (siehe S. 17).
2. Mehl und Salz vermischen. Dotter, Zucker und Eier schaumig schlagen und mit der zerlassenen Butter und dem Dampfl zum Mehl geben. Den Germteig kräftig durchkneten, die Rosinen erst jetzt untermischen und noch einmal gut kneten.
3. Den Teig an einem warmen Ort zugedeckt gehen lassen. Nochmals kneten und ruhen lassen.
4. Den Teig in neun Stücke teilen. Jedes zu einem langen Strang formen. Zuerst mit vier Strängen einen breiten Zopf flechten, auf das gut gefettete Backblech legen und mit verrührtem Ei bestreichen.
5. Aus drei Strängen einen Zopf flechten, auf den fertigen Zopf legen und wiederum mit Ei bestreichen.
6. Obenauf einen aus zwei Strängen gedrehten Zopf legen, mit Ei bestreichen, alles mit Hagelzucker bestreuen.
7. Im Backrohr bei 170° C, Ober- und Unterhitze, ca. 35 Minuten backen. Zum Frühstück oder zur Jause am Allerheiligentag servieren.

Fedlkoch

Dieses hauchzarte Gericht hat nichts mit einem »Koch«, einem Brei, zu tun. Es soll am Ende aber von so fester Konsistenz sein, dass man daraus Knödel formen kann. Nach dem Abkühlen werden die Knödel fein gerieben und ergeben eine Speise, die auf der Zunge zergeht.

Zutaten

250 ml Schlagobers / 1 Prise Salz / 5 Gewürznelken / 1 Stange Zimt /
300 g Mehl, griffig / 1 Ei /
Kristallzucker und Zimt zum Bestreuen

Zubereitung

1. Schlagobers mit Salz, Gewürznelken und Zimt aufkochen.
2. Mehl mit Ei mit den Handflächen gut verreiben (abbröseln), in das kochende Schlagobers geben und auf kleinster Flamme langsam unter gelegentlichem Umrühren 30–40 Minuten ziehen lassen.
3. Die Masse noch heiß zu Knödeln formen.
4. Einen Tag im Kühlschrank rasten lassen.
5. Vor Gebrauch immer frisch mit einem Reibeisen fein reiben. Mit Zucker und Zimt bestreuen und servieren.

Küahtutten mit Schnaps

Dieses Brauchtumsgebäck bildet die Zitze einer Kuh nach und wurde als Sinnbild für ein gutes Almjahr und für gute Ernte am Sonntag nach dem Martinstag gebacken, an dem man als Dank das Fest des „Martinlobens" feierte.

Das Rezept stammt von einer alten Bäuerin aus dem Ennstal, wo die Almwirtschaft eine große Rolle spielte und daher der Ertrag an Milch, Butter und Käse äußerst wichtig war. Daher gab's zum Martinloben, im Dialekt „Miaschtenloben", die Zitzen einer Kuh als Schmalzgebäck!

— Zutaten —

*200 ml Milch / 500 g glattes Mehl / 120 g Butter /
1 Packerl frische Germ (30 g) / 4 Eidotter / 3 EL Rum / Prise Salz /
Schweine- oder Butterschmalz zum Backen*

*Zum Eintunken: 3 Teile Schnaps / 1 Teil Wasser /
etwas Zimtrinde / Zucker nach Geschmack*

— Zubereitung —

1. Dampfl zubereiten (siehe S. 17). Mit den restlichen Zutaten zu einem Germteig vermengen. An einem warmen Ort etwa eine halbe Stunde gehen lassen.
2. Den Teig nochmals kurz durchkneten und wiederum eine halbe Stunde gehen lassen.
3. Auf einer bemehlten Arbeitsfläche den Teig (in der Größe eines Krapfens) zu Kugeln formen, diese etwa 15 Minuten gehen lassen.
4. Jede Kugel in der Mitte durchschneiden und daraus „Küahtutten" formen, die den Zitzen einer Kuh ähnlich sein sollen.
5. Die „Küahtutten" in heißem Fett schwimmen und goldgelb backen.
6. Schnaps, Wasser, Zucker und Zimtrinde kurz aufkochen und noch heiß gemeinsam mit den „Küahtutten" servieren.

❧ TIPP ❧

Man tunkt die „Küahtutten" vor jedem Biss kurz in den Schnaps ein! Früher war das eine Nachspeise nach einem reichhaltigen Festessen mit Suppe, Krenfleisch und Bratl.

B'soffene Desserts und andere Köstlichkeiten

In Schmalz gebackenes süßes Gebäck mit Schnaps zu übergießen war der Gipfel der Festlichkeit. Auch Desserts mit Wein, wie die alte Festtagsspeise Triet, gab's nur an Feiertagen. Ein feiner Kaffeelikör hingegen stärkte so manche Damenrunde an geselligen Nachmittagen.

BRANNTWEINNUSSEN
ZUM FEST.

Kleine Germteigkrapferl, in reichlich heißem Schmalz gebacken und dann großzügig mit verdünntem, gezuckertem Branntwein übergossen – das war der Inbegriff von Festgebäck. Solches Backwerk wurde gerne zum Abschluss von Gemeinschaftsarbeiten wie dem »Brecheln« aufgewartet. So zeigte man sich bei den Nachbarn erkenntlich, die mitgeholfen hatten.

Branntwein war eine Zutat, die sonst in der Küche eher sparsam eingesetzt wurde. In einem besseren Kuchenteig oder einem Kletzenbrot durfte ein Stamperl Schnaps aber nicht fehlen.

Früher sagte man
»Des war a Mettn«, wenn man
meinte »Des war a Gaudi«.

Der selbstgebrannte Schnaps aus den eigenen Birnen, Zwetschgen oder gar aus Enzian wurde in manchen Häusern sogar von der Bäuerin in einer eigenen Schnapsruhe aufbewahrt und nur zu besonderen Anlässen ausgeschenkt. Zu Weihnachten saßen alle nach der Bescherung bei Kletzenbrot, Keksen und einem oder mehreren Häferln Tee mit »einer starken Einbrenn« beisammen, um die Zeit bis zur Mitternachtsmette zu überbrücken. Früher sagte man »Des war a Mettn«, wenn man meinte »Des war a Gaudi«. Wenn man diese Redewendung auf die leichte Alko-holisierung durch Schnapstee im Vorfeld der Mette zurückführt, liegt man vermutlich nicht ganz falsch.

Dasselbe galt für das »Wachtn«. Als die Verstorbenen noch zu Hause aufgebahrt wurden, war es Brauch, dass Nachbarn und Verwandte zur Totenwache kamen und anschließend noch bei Most oder auch bei Schnapstee beieinandersaßen. Da konnte es schon vorkommen, dass es bei einer an sich traurigen Angelegenheit recht lustig zuging.

Das Trinken und auch das Brennen von Schnaps war gewöhnlich Männersache. Für den sogenannten Haustrunk durfte eine genau festgelegte Menge gebrannt werden. Das waren sechs Liter pro im Haushalt lebender erwachsener Person und noch einmal zwölf Liter für das Familienoberhaupt, den Bauern. In den Monaten Jänner bis März wurde gebrannt, in dieser Zeit ging der Schnapskessel reihum von einem Hof zum anderen. Jeder hatte seine genau vorgeschriebene Zeit für den Brennvorgang, abhängig von der Menge seiner Maische.

Ein Stanzer Bauer, damals ein junger Bursch von 19 Jahren, bekam von seinem Vater den Auftrag: »Den Schnapskessel holt's!« Auf dem Pferdefuhrwerk machte er sich mit einem Bekannten auf den Weg zum Bauern, der gerade den Brennvorgang abgeschlossen hatte.

Dort angekommen, fanden sie das Haus verlassen vor, der Kessel stand da, also wurde er aufgeladen. Gerade als die beiden losfahren wollten, kam der

Bauer doch noch daher, vielleicht von einem kleinen Ausnüchterungsschlaf. »He! Nix mit furtfahrn!«, rief er, »ohne Schnapskosten geht das nicht.« Der junge Bursch, der kaum je Alkohol getrunken hatte, bekam nun ein Achterl Schnaps hingestellt. Der Schnaps war süßlich und schmeckte ihm gar nicht schlecht. Man unterhielt sich, es wurde nachgeschenkt und der junge Mann spürte keinerlei Wirkung vom Alkohol. Doch irgendwann war es Zeit aufzubrechen. Als der Bursch an die frische Luft trat, traf ihn die Wirkung des Branntweins mit voller Wucht. Mit Müh und Not schaffte er es, loszufahren. Die Wege waren eisig und die beiden Männer wussten am Ende nicht mehr genau, wie sie es bis nach Hause geschafft hatten. Aber von diesem Tag an war dem Burschen die Lust auf Schnaps gründlich vergangen. Heute ist er 75 Jahre alt, seit damals hat er die Schnapsflasche nur äußerst selten angerührt. Selbst beim Schnapsbrennen muss er immer wieder kurz den Raum verlassen, weil er den Geruch nicht erträgt.

Mäßiger Alkoholkonsum war früher dennoch eher die Regel als die Ausnahme, allein deshalb, weil Alkohol nicht immer verfügbar war. Schnaps war reglementiert und im Prinzip nur für den Bauern vorrätig, Bier war teuer, Wein den Winzern vorbehalten und nur der Most war, oft mit Wasser verdünnt, zumindest in den Mostanbaugebieten ein alltägliches Getränk.

WEINCHADEAU FÜR DIE GESUNDHEIT.

Wein kräftigt, Zucker sowieso und rohe Eier machen stark – wie muss da erst die Mischung aus alledem wirken? So ähnlich dachte man wohl, wenn man kränklichen Personen ein »Weinschato« anrührte. Der Weinschaum war fast ein Hausmittel gegen Erkältungen und jede Art von Erschöpfung. Auch als Nachspeise nach einem schweren Essen war der Schaum aus Weißwein, Eidottern und Zucker sehr beliebt.

Reichhaltiger war das Bröselkoch, ebenfalls ein Dessert für besondere Gelegenheiten, bei dem Brösel mit schaumig gerührtem Dotter und Zucker vermengt werden, Eischnee untergehoben und das Ganze im Rohr gebacken wird. Am Ende wird alles mit reichlich heißem Glühwein übergossen.

Der Name Triet leitet sich wahrscheinlich vom lateinischen »tribus« (drei) ab und bezieht sich auf die Dreizahl der Zutaten: Zwieback Gewürzwein und Zucker.

Ein absoluter Klassiker ist der Triet (gesprochen Tri-et, mit Betonung auf der zweiten Silbe), bei dem Zwieback oder altbackene blättrig geschnittene Semmelscheiben in Glühwein getränkt werden. Der Name leitet sich wahrscheinlich vom lateinischen *tribus* (drei) ab und bezieht sich auf die Dreizahl der Zutaten: Zwieback oder Semmelschnitten, Gewürzwein und Zucker. Die Gewohnheit, gedörrtes oder getrocknetes Backgut in Wein aufzuweichen, hatten offensichtlich auch die englischen Lords des 19. Jahrhunderts. Sie tauchten geröstetes Brot, den Toast, in Wein, damit er besser schmeckt. Diese Tradition gibt es zwar nicht mehr, aber die daraus resultierende Bezeichnung »einen Toast aussprechen« hat sich bis heute erhalten.

Triet war nicht nur eine gehaltvolle Nachspeise, sondern in Niederösterreich, in der Steiermark und im Burgenland auch als würzige Beilage zum Fleisch und zum Backhendl bei Hochzeiten und an hohen Feiertagen beliebt.

All diese genannten Speisen boten den Frauen die seltene Gelegenheit, erlaubterweise Alkohol zu konsumieren. Wer seinen Weinchadeau löffelte, tat ja nur seiner Gesundheit etwas Gutes, selbst wenn es täglich der Fall sein sollte. Ob bei Grippe, bei Unpässlichkeiten oder einfach als Stärkungsmittel im Alter – Weinchadeau passte immer und war schnell zubereitet.

Mit Schnaps wurde Frauen oft gar nicht aufgewartet, das war ein Männergetränk, das auch als Stärkungsmittel bei typisch männlicher Arbeit – etwa beim Holzziehen – gereicht wurde. Auch bei Geschäftsabschlüssen wurde zum Handschlag ein Stamperl Selbstgebrannter gekippt. Erst dann war das Geschäft »richtiggemacht«.

Dieselben Tabus galten, was Alkohol betraf, auch für Frauen in der Stadt. Hier war das passende weibliche Getränk der Likör, vorzugsweise ein selbstgemachter Eierlikör. Dieses köstliche Getränk aus

Jede Hausfrau, die etwas auf sich hielt, hatte von den 1950er- bis in die 1970er-Jahre ihr eigenes erprobtes Eierlikörrezept.

Dottern, Zucker, Milch oder Schlagobers und hochprozentigem Alkohol war vermutlich wegen seiner Süße den Frauen zugedacht. Jede Hausfrau, die etwas auf sich hielt, hatte von den 1950er- bis in die 1970er-Jahre ihr eigenes erprobtes Eierlikörrezept. In speziellen Likörgläsern, nicht in Stamperln, wurde den Freundinnen und weiblichen Verwandten mit dem cremigen Likör aufgewartet. Daneben konnte sich noch der ebenfalls hausgemachte Kaffeelikör und der angesetzte Nusslikör etablieren.

Die Zeiten, als in der Kredenz eines wohlsortierten Haushaltes immer ein oder auch zwei Flascherl mit selbst gemachtem Likör standen, sind leider vorbei. Schade eigentlich, denn sorgfältig zubereiteten Eierlikör oder Kaffeelikör aus besten Zutaten muss man gekostet haben. Das Rezept für den legendären Kaffeelikör einer Grazer Hausfrau finden Sie in diesem Buch.

Ein Rezept für Eierlikör, hier „Eier-Kognac" genannt, aus einem handgeschriebenen Kochbuch aus den 1960er-Jahren.

Triet

Was den Triet von anderen »b'soffenen« Süßspeisen unterscheidet, ist der Zwieback, wahlweise auch altbackene Semmelschnitten. Für Triet wird nicht extra ein frischer Kuchen gebacken wie für die »b'soffene Liesl« oder den »b'soffenen Kapuziner«, sondern es wird immer Gebähtes oder Altbackenes verwendet.

Wie alles, was mit Wein oder Schnaps übergossen wurde, war auch der Triet keine Nachspeise für einen gewöhnlichen Sonntag, sondern ein angemessenes Dessert für Festtage. Nur im Mostviertel gab es Triet mit Most gelegentlich auch nach anstrengenden Arbeiten, wie dem Heu- oder Getreideschnitt.

—— *Zutaten* ——

300–400 ml Weißwein / Zucker nach Geschmack / 2 Gewürznelken / 1 Zimtstange /
6–8 Scheiben Zwieback (oder 2 altbackene Semmeln)

—— *Zubereitung* ——

1. Aus Weißwein, wenig Zucker und Gewürzen einen Glühwein bereiten.
2. Einen tiefen Teller mit Zwieback oder 1 Zentimeter dicken Semmelscheiben auslegen. Mit warmem Wein übergießen und auskühlen lassen. Kalt servieren.

Omas berühmter Kaffeelikör

Dieser Likör schmeckt genauso gut, wie er duftet! Das Rezept stammt von der Grazer Oma-Hansi, die gerne viele liebe Menschen, auch die Fußpflegerin, ihre Friseurin oder die Frau an der Supermarktkassa damit beschenkt hat.

— Zutaten —

500 ml Wasser / 550 g Kristallzucker / 250 ml Weingeist / 250 ml starker Espresso / 1 Vanilleschote

— Zubereitung —

1. Wasser und Zucker »zur Rose« kochen (siehe Tipp).
2. Mit dem Weingeist, dem erkalteten Kaffee und dem Vanillemark gut verrühren. In eine Flasche abfüllen und gut verschlossen 3 Wochen an einem dunklen Ort stehen lassen. In Likörgläsern servieren.

❀ TIPP ❀

Die Zubereitung ist einfach, auch das Kochen »bis zur Rose« soll niemand abschrecken. Man muss nur Zucker und Wasser so lange kochen lassen, bis eine trübe, etwas dicke Flüssigkeit entsteht. Taucht man einen Löffel dann kurz in die Flüssigkeit, bildet sich am Löffelrücken, während die Zuckermasse langsam abrinnt, eine wellenartige Form, die Rose genannt wird.

⌇ NACHWORT ⌇

Lassen Sie mich ein sehr persönliches Resümee ziehen: Ich koche sehr gerne und täglich. Allerdings habe ich gemerkt, dass ich im Lauf der Jahre mehr und mehr vergessen habe, traditionell österreichisch zu kochen. Die Gerichte meiner Kindheit und die Rezepte meiner Mutter wurden in meinem Fall vor allem durch italienisch inspirierte Speisen ersetzt.

Durch die Arbeit an diesem Buch habe ich unser kulinarisches Erbe neu kennen und schätzen gelernt. Mir ist bewusst geworden, dass viele Rezepte so etwas wie ein österreichisches Kulturgut sind, das, wenn man es nicht pflegt – also kocht – verloren geht. Damit meine ich nicht die berühmten Speisen unseres Landes, wie Wiener Schnitzel oder Sachertorte, sondern die scheinbar unbedeutenden »kleinen« Gerichte, die bis vor wenigen Jahrzehnten noch zur Alltagsküche gehörten. Allein die vielen guten Einbrenn-Saucen (von der Erdäpfel- bis zur Fisolensauce) sind es wert, wieder entdeckt zu werden. Zu den gefährdeten kulinarischen Arten gehören auch die vielfältigen klassischen Einlagen für die Rindsuppe, Innereien, manche Mehlspeisen, alle Gerichte, die Schmalz enthalten, und viele mehr.

⌇

Wie wäre es, wenn wir uns – Speise für Speise – unsere Küchentraditionen zurückerobern? Das eine oder andere Gericht aus diesem Buch mag dabei helfen, aber vor allem die persönlichen Erinnerungen und Geschichten sollen Inspiration und Anregung sein. Geben wir unser Wissen an die nächste Generation weiter und vergessen wir nicht, genussvoll mit unseren Kindern zu kochen!

EMPFEHLUNGEN

Die burgenländische Köchin Anni betreibt mit ihrer Familie die Uhudler-Schenke »Pethö« im Südburgenland.
Kukmirner Straße 3, 7562 Zahling. www.uhudlerschenke.at

....

Die Reindling-Bäuerin Sieglinde Kohlmayer lebt auf dem Gruberhof in Radenthein in Kärnten. Wie der Name schon sagt, wird der Kärntner Reindling im »Reindl« gebacken. Leider hat die Gugelhupfform dieses immer mehr verdrängt. Deshalb hat Frau Kohlmayer mit der Firma Riess-Email das »Kärntner Reindl« entworfen, das man auch bei ihr bestellen kann. In diesen Reindln bäckt sie dann nach altem Rezept und Tradition den »original Kärntner Reindling«.
Mehr Informationen dazu unter www.kaerntner-reindling.eu

Keine Reindlingform, aber ein alter, traditioneller Model für Brauchtumsgebäck.

❧ REZEPTVERZEICHNIS ☙

✺ GLOSSAR ✺

Abschmalzen
in Fett schwenken

bähen
toasten

Beuschel
Speise aus Lunge und Herz

Blunzen
Blutwurst

Buschenschank
Heurigenlokal

Dampfl
Vorteig, Gärprobe

Dirndlgwand
Dirndlkleid

Einbrenn
Mehlschwitze

Eitzerl
ein bisschen, ein wenig

Erdäpfel
Kartoffel

Häuptelsalat
Kopfsalat

Hühnermensch
Hühnermädchen

Kno'n
Knödel/Klöße

Kracherl
Limonade

krendeln
Verschließen der Kärntner
Kasnudeln mit einem schön
geschwungenen Teigrand

Kuchlmensch
Küchenmädchen

linden
rösten

Paradeiser
Tomaten

patzig
klebrig

Rein oder Reindl
Kochtopf, Bräter

Scherzl
erstes und letztes Stück
vom Brot

Stallbua
Stallbub

Stör
Ausdruck für die Ausübung
eines Handwerks im Haus
des Kunden

Uhudler
österreichischer Wein aus
dem Südburgenland, herge-
stellt aus Trauben, die von der
Amerikanerrebe abstammen

wuzeln
rollen, drehen

꩜ BIBLIOGRAFIE ꩜

Artmann, H. C.: »Was sich im Fernen abspielt. Gesammelte Geschichten«,
Residenz Verlag, Salzburg/Wien 1995

Berger, Franz S./ Holler, Christiane: »Mutters Küche. Von alten Rezepten,
jungen Köchinnen und vergangenen Zeiten«, *Ueberreuter, Wien 2000*

Maier-Bruck, Franz: »Vom Essen auf dem Lande«, *Kremayr & Scheriau, Wien 1981*

Florack, A., Haasova, S., Hirschauer, S. & Serfas, B.: »Playing with food: The effects
of food pre-exposure on consumption in young children. Physiology and Behavior«,
Elsevier, Amsterdam 2018

Girtler, Roland: »Aschenlauge – Die alte Kultur der Bauern«, *Böhlau, Wien 2012*

Haider, Willi/Wagner, Christoph: »Die steirische Küche«, *Styria 2005, S. 28*

Haslinger, Ingrid: »Höfische Küche und Tafel in Wien«, aus: »Mahlzeit! Katalog der
Oberösterreichischen Landesausstellung 2009«, *Linz*

Prato, Katharina: »Die süddeutsche Küche«, *Aug. Hesse's Buchhandlung,
Graz 1862*

Sandgruber, Roman: »Jause«, in: *Oberösterreichische Nachrichten, 21. Juli 2007*

Sandgruber, Roman: »Eine Welt ohne Süße«, in: *Mahlzeit! Katalog der
Oberösterreichischen Landesausstellung 2009«, Linz*

Rosegger, Peter: »Als ich Christagsfreude holen ging«, aus: »Als ich noch der
Waldbauernbub war«, *L. Staackmann, München 1972*

Weber, Thomas: »Ein guter Tag hat 100 Punkte … und andere alltagstaugliche Ideen
für eine bessere Welt«, *Residenz Verlag Salzburg/Wien 2014*

❧ ÜBER DIE AUTORIN ❧

Inge Friedl ist als Historikerin, Museumspädagogin und erfolgreiche Autorin eine unermüdliche Sammlerin und Archivarin von Alltagsgeschichte(n). In Gesprächen mit Zeitzeugen und bei Recherchen in privaten Fotoarchiven hält sie fest, was sonst für die Nachwelt verloren wäre.
Von Inge Friedl erschienen im Styria Verlag zuletzt *„Weihnachten, wie's früher war. Erinnerungen, Geschichten und Bräuche"* (2017) und *„Was sich bewährt hat. Begegnung mit alter Lebensweisheit"* (2015).

© Marlene Friedl

❧ DANK ❧

Ich danke allen Frauen und Männern, die mit mir im Laufe der Jahre Gespräche über ihr Leben geführt haben. Viele der Lebensweisheiten, Geschichten und Rezepte in diesem Buch stammen aus diesen Begegnungen.
Ebenso danke ich allen, die mir Fotos aus ihren Familienalben beziehungsweise aus ihrem Privatbesitz zur Verfügung gestellt haben. Diese Aufnahmen sind von einzigartiger Authentizität und sprechen oft mehr als viele Worte.
Ich danke Norbert Krenn von Antik-St. Peter in Graz, der mir original Geschirr und Küchengeräte aus seiner Sammlung für Fotos zur Verfügung stellte.
Meiner Mutter Emmi Stuhl danke ich für die einzigartigen Kindheitserinnerungen an ihre Küche. Sie war es, die meine Art zu kochen und die Idee, die ich heute von gutem Essen habe, geformt hat.
Besonders aber danke ich meinem Mann Karl Friedl für die unermüdliche Unterstützung und meinen Töchtern Kathrin und Marlene für Rat und Hilfe.

❧ **Hat Ihnen dieses Buch gefallen?** Dann würden wir uns über Ihre Weiterempfehlung freuen. Erzählen Sie es im Freundeskreis, berichten Sie Ihrem Buchhändler, oder bewerten Sie beim Onlinekauf.

❧ **Wollen Sie weitere Informationen zum Thema?** Möchten Sie mit der Autorin in Kontakt treten? Wir freuen uns auf Austausch und Anregung unter leserstimme@styriabooks.at

Inspiration, Geschenkideen und gute Geschichten finden Sie auf www.styriabooks.at.

STYRIA
BUCHVERLAGE

© 2019 by Styria Verlag
in der Verlagsgruppe Styria GmbH & Co KG
Wien – Graz
Alle Rechte vorbehalten.
ISBN 978-3-222-13637-5

Bücher aus der Verlagsgruppe Styria gibt es in jeder Buchhandlung und im Online-Shop www.styriabooks.at

Projektmanagement: Elisabeth Blasch
Lektorat: Carina Manutscheri
Buchgestaltung: Maria Moser, Lorenz Perszyk, www.con-gas.at

Druck und Bindung: Finidr
7 6 5 4 3 2 1
Printed in EU

Bildnachweis

Covermotiv: Traditionelles Zwiebelmuster-Dekor der Kollektion Rossella, Kahla Porzellan, www.kahlaporzellan.com; Abbildungen Buchrückseite: Marlene Friedl, Innsbruck (li.), Familie Eritscher, Klagenfurt (re.); Abbildungen im Buch: Familie Andorfer, Berg bei Hamet (S. 1, 10), A. Oetker, Baden bei Wien, „Illustriert Backrezepte", k. A. (S. 6, 35, 118), United States Information Service / ÖNB Bildarchiv / picturedesk.com (S. 9), Familie Eritscher, Klagenfurt (S. 7, 34), Marlene Friedl, Innsbruck (S. 14, 57, 82, 130, 134, 155), Dr. Oetker Kochbuch, „Für die Puppenküche", k. A. (S. 18), ÖNB Bildarchiv / picturedesk.com (S. 21), Luise Neubauer, Graz (S. 18), Familie Dr. Deutsch, Graz (S. 23, 36), Karl Friedl, Graz (S. 26, 94, 117), Inge Friedl (S. 97, 151), Mag. Franz Jäger, Parschlug (S. 30, 52), Familie Garber, Linz (S. 39), Familie Aspalter, Steyr (S. 40), Maria Schuster (S. 46), Martin Manigatterer, A. Oetker, Baden bei Wien, „Dr. Oetkers Einsiedehilfe", Ausgabe E, k. A. (S. 58), Peuerbach (S. 61), Siegfried Fleck, Waizenkirchen (S. 64, 68, 86, 140), Rübelt, Lothar / ÖNB Bildarchiv/picturedesk.com (S. 72), Richter, Ernest / „Donaulandkochbuch" von Albert Kofranek, 1961 (S. 75, 121, 126, 129 li., 148), Archiv Oskar Blasch (S. 78), „Mein ‚süßes' Kochbuch", Franz Ruhm, k. A., ca. 1933 (S. 93), Familie Nagl, Rauris (S. 100), VGA/ÖNB Bildarchiv / picturedesk.com (S. 108), Familie Topitschnig, Liebenfels (S. 110, 112), Siegfried Blaunstein, Obervellach (S. 122), Gerald Wizsy, Graz (S. 125), Agrarverlag, „Kochbuch für ländliche Haushalte", Karoline Dietrich, 1935 (S. 128), Dorling Kindersley Verlag GmbH, München, 2015 (S. 129 re.), Familie Höfler, Sarleinsbach (S. 132), Kohlmayer Annegret, Radenthein (S. 139), Universalmuseum Joanneum Graz / Volkskundliche Sammlung (S. 144); grafische Elemente: Tapetenmuster der Firma Wilh. Gallion K. G. sowie iStockphoto.com